# L'ÉPREUVE DE TESTS DE RAISONNEMENT LOGIQUE
## Concours administratifs
## catégories B et C

Éditions d'Organisation
1, rue Thénard
75240 Paris Cedex 05
www.editions-organisation.com

*Cet ouvrage a fait l'objet d'un reconditionnement à l'occasion
de son cinquième tirage (nouvelle couverture).
Le texte de l'ouvrage reste inchangé par rapport au tirage précédent.*

**Jean-François GUÉDON**
*ancien élève de l'ENA*

**Valérie CLISSON**
*ancienne élève de l'ENSAI*

# L'ÉPREUVE DE TESTS DE RAISONNEMENT LOGIQUE
## Concours administratifs catégories B et C

Deuxième édition

*Cinquième tirage 2005*

**Éditions d'Organisation**

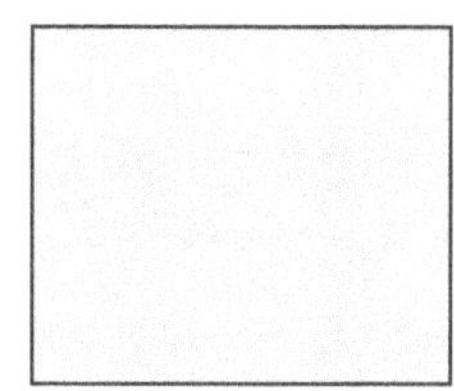

# CHEZ LE MÊME ÉDITEUR

## POUR LA PRÉPARATION DES CONCOURS ADMINISTRATIFS CATÉGORIES B ET C

**Les épreuves de présélection,**
Jean-François GUÉDON et Valérie CLISSON

**L'épreuve de QCM,**
Jean-François GUÉDON et Isabelle de LOUPY

**L'épreuve d'explication de texte,**
Jean-François GUÉDON et Isabelle de LOUPY

**L'épreuve de Français,**
Jean-François GUÉDON et Isabelle de LOUPY

**L'épreuve de Mathématiques,**
Isabelle MARCO et Claude de LOUPY

**L'épreuve de Tableaux numériques,**
Jean-François GUÉDON et Valérie CLISSON

**L'épreuve de cas pratiques,**
Jean-François GUÉDON et Valérie CLISSON

# Sommaire

# ▯ **Introduction**

## ■ Définition des épreuves

Vous vous interrogez sur les tests de logique : en quoi consistent-ils ? comment sont-ils conçus ? à quoi servent-ils ? comment faire face le jour du concours ?

Ce petit livre permet de répondre à vos questions, et il vous préparera à affronter l'épreuve de façon efficace le jour J.

L'utilisation des tests d'intelligence est une pratique ancienne et courante pour les recruteurs du secteur privé. Leur apparition dans les concours d'entrée de la fonction publique est plus récente et tend à se généraliser.

On distingue habituellement deux familles de tests de raisonnement logique :

- certains s'appuient sur des séries de lettres, de mots, de chiffres, de dominos, de cartes ou encore de figures géométriques,
- d'autres reposent sur des exercices simples de mathématiques et de français.

Les tests de raisonnement logique sont en principe destinés à mesurer l'intelligence du candidat. Le raisonnement est l'activité essentielle de l'intelligence humaine. Il a été particulièrement bien étudié et mis en œuvre par René Descartes dans son *Discours de la méthode* (1637). Selon le deuxième sens du mot, un raisonnement est une suite de propositions liées les unes aux autres selon des principes déterminés aboutissant à une conclusion.

Vous avez dû apprendre au collège ou au lycée les diverses formes de raisonnement :

- le raisonnement par analogie, la comparaison,
- le raisonnement inductif des sciences d'observation,
- le raisonnement déductif des mathématiques, qui est la forme la plus pure du raisonnement.

### UN PEU D'HUMOUR

Le mot *test* vient de l'anglais. Il est employé depuis un siècle comme synonyme du mot *épreuve*. Pour ceux qui veulent défendre la suprématie de la langue française : le mot anglais vient lui-même de l'ancien français *test* ou *têt*. Comme souvent, c'est donc un emprunt que les Anglais nous ont fait... et le mot nous revient d'Outre Manche ou d'Outre Atlantique.

Le mot *test* vient également du latin *testam* qui signifie *pot de terre*. On a souvent présenté la lutte du candidat contre le jury comme étant celle du pot de terre contre le pot de fer. En fait, l'image est erronée. Lors du concours, le candidat se bat contre la montre, contre lui-même et surtout contre les autres candidats. Il lui suffit pour réussir d'être un pot de terre plus solide que les autres.

## UNE ANECDOTE CÉLÈBRE SUR LE NIVEAU DES TESTS

En principe, les tests sont à la portée de toute personne ayant reçu une bonne instruction primaire. Voici une anecdote qui vous le prouve.

À la fin de la Quatrième République, un jeune appelé réussit à faire, en un temps record, tous les tests utilisés par l'Armée lors de la sélection du contingent. Il fit mieux que tous les lauréats de nos grandes écoles ou de nos universités. C'était un modeste berger poitevin, qui avait arrêté ses études à treize ou quatorze ans. Il eut les honneurs de la presse : photographie en compagnie du Général commandant la région militaire. L'Armée lui fit reprendre ses études. Le jeune berger est devenu professeur en faculté des sciences. Ce fut un honneur pour l'Armée... et pour les officiers qui l'avaient distingué.

Françoise LABORDE*

---

* Françoise LABORDE est économiste et mathématicienne, Inspectrice au Ministère de l'Économie, des Finances et de l'Industrie.

Dans la Collection MÉTHOD'SUP, elle est co-auteur, avec Jean-François GUÉDON, des ouvrages consacrés à *La note de synthèse* et à *La note de synthèse économique*.

# Dix principes stratégiques

**1. NE MÉPRISEZ PAS LES TESTS...** mais ne vous laissez pas non plus trop impressionner.

Les tests ne prétendent pas permettre de mesurer toute l'étendue des qualités intellectuelles d'un individu... c'est l'objet d'autres épreuves, notamment en culture générale. Mais leur utilité est indéniable pour mesurer l'agilité intellectuelle des candidats. Et encore pour opérer la sélection, puisque le jury peut en imposer des séries impressionnantes en un temps limité.

Attention également à ne pas en avoir peur. En travaillant avec ce petit livre, vous allez acquérir la pratique nécessaire.

**2. PRENEZ CONFIANCE EN VOUS**

Même si vos débuts sont difficiles, vous devez savoir que les résultats s'améliorent grâce à la familiarité et à la pratique. Chaque question a sa forme de logique. Avec un bon entraînement, vous la trouverez vite.

**3. APPRENEZ À VOUS CONCENTRER**

Prenez conscience du bon fonctionnement de votre esprit. Ne vous laissez pas distraire par des éléments extérieurs (l'environnement, les voisins...). Entraînez-vous à repérer les éléments ou les configurations particulières dans des configurations complexes.

**4. PRATIQUEZ RÉGULIÈREMENT LA GYMNASTIQUE INTELLECTUELLE**

Exercez vos yeux pour le repérage rapide. Exercez votre esprit par le calcul mental. Notez quelques bons exercices, pratiquez-les régulièrement. Utilisez des pauses ou encore vos temps de trajet.

À partir de chiffres ou de formes intellectuelles, exercez-vous à aller du plus simple au plus compliqué, puis effectuez le chemin inverse. Pratiquez la globalisation, puis la simplification : perception, analyse et organisation des ensembles donnés.

Les mots croisés peuvent constituer un entraînement utile. Entraînez-vous aussi à retrouver des mots à partir de lettres données dans le désordre.

### 5. Mémorisez bien les principaux types d'exercices, et les techniques de solution

Vous les trouverez dans cet ouvrage. Il sera bon de les réviser dans les jours précédant votre concours.

Vous devez vous familiariser avec les principaux supports : les lettres et les mots, les chiffres et les nombres, les formes géométriques, les cartes et les dominos. Ainsi qu'avec les diverses techniques de solution. Après avoir effectué les divers exercices, vous vous entraînerez à les faire défiler rapidement dans votre esprit.

### 6. Apprenez à bien visualiser

L'intelligence crée ses propres objets : les lettres et les mots, les chiffres et les nombres, les figures géométriques. Il faut vous apprendre à bien les visualiser, à les décomposer puis à les recomposer, à imaginer leurs suites et leurs combinaisons. Plus vous saurez le faire vite et de façon variée, créative, plus vous serez performant.

Il n'existe pas de différence fondamentale entre un problème et sa solution : c'est la même situation, vue de manière différente. L'intelligence consiste à passer de la perception du problème à la perception de la solution. Parfois ce passage est direct, parfois il vous faudra effectuer un détour. Le bon chemin, le plus rapide, n'est pas forcément le plus court : il vous faudra souvent imaginer des étapes intermédiaires (notamment lorsqu'il s'agit de progressions).

### 7. Apprenez à construire, à créer des objets intellectuels

À la différence avec les simples épreuves de connaissance, vous ne devez pas seulement cueillir un fruit. Vous devez construire, créer en utilisant votre imagination et votre sens logique. L'épreuve sert à tester à la fois votre rigueur et votre capacité d'innovation.

### 8. Sachez manier les outils intellectuels

Apprenez à réaliser rapidement des **évaluations**, à formuler des **prévisions** sur la base des **hypothèses** ou des **probabilités.** Tous ces fonctionnements intellectuels sont modélisables, et susceptibles d'être simulés par des programmes informatiques pour être testés. Vous possédez votre propre ordinateur dans votre cerveau. À vous de le rendre performant.

### 9.  PRÉPAREZ UNE BONNE PROGRAMMATION POUR LE JOUR DU CONCOURS

Calculez vite de combien de temps vous disposez en moyenne : par exemple, une minute par question. Surveillez votre montre, ou l'horloge de la salle. Essayez de gagner du temps sur les questions faciles, cela vous donnera une marge pour traiter les questions plus difficiles.

### 10. PRENEZ RAPIDEMENT VOS DÉCISIONS

Si au bout d'une minute vous ne trouvez pas de solution, passez à la question suivante. Ne revenez pas en arrière (... sauf si vous avez terminé). Allez de l'avant le plus vite possible. Les tests sont une course contre la montre.

# Premiers tests pour vous exercer

Les exemples qui suivent constituent un panorama de l'ensemble des tests proposés dans les épreuves de concours. Exercez-vous. Ces premiers exercices vous permettront de saisir d'emblée les difficultés auxquelles vous serez confrontés. Les solutions, jointes à la fin de ce chapitre, ne sont pas détaillées. Pour plus d'explications, le lecteur est invité à se reporter à la première partie de cet ouvrage.

Nous avons choisi une série de trente cinq tests. Efforcez-vous de réaliser l'ensemble en une heure au maximum. Si vous avez déjà un peu d'expérience, vous pouvez viser trente minutes seulement.

## ■ EXEMPLES

### A. Tests des lettres, des mots et des chiffres*

*Exemple 1*

Complétez la série :    vert    jaune    violet    ?

A ❑    rouge        B ❑    bleu
C ❑    magenta      D ❑    noir

*Exemple 2*

Trouvez le chiffre manquant :
kiwi (4)    poire (5)    banane (6)    clémentine (?)

*Exemple 3*

Déterminez la lettre manquante :
46 (Q)    25 (V)    150 (C)    800 (?)

*Exemple 4*

Complétez la série :        A    D    G    J    ?

*Exemple 5*

Complétez la série :        B    0    C    2    F    1    H    4    ?

---

* Les réponses sont en page 25.

### Exemple 6

Quel nombre manque ?    1   4   7   ?   13

### Exemple 7

Complétez la série :    1   3   9   ?   81

### Exemple 8

Complétez la série :    1   5   6   11   ?   28

### Exemple 9

Déterminez les deux nombres manquants :
2   19   4   16   6   13   ?   ?   10   7

### Exemple 10

Complétez ce tableau numérique :    3   6   9
                                     10   4   4
                                      2   8   ?

## B. Tests des dominos et des cartes*

### Exemple 11

Complétez la série :

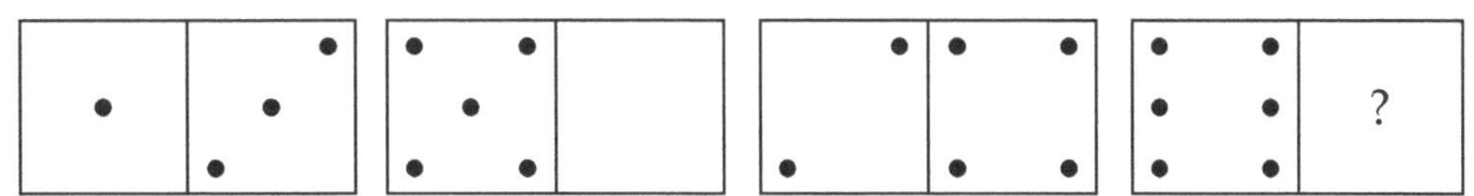

### Exemple 12

Quel est le domino qui manque ?

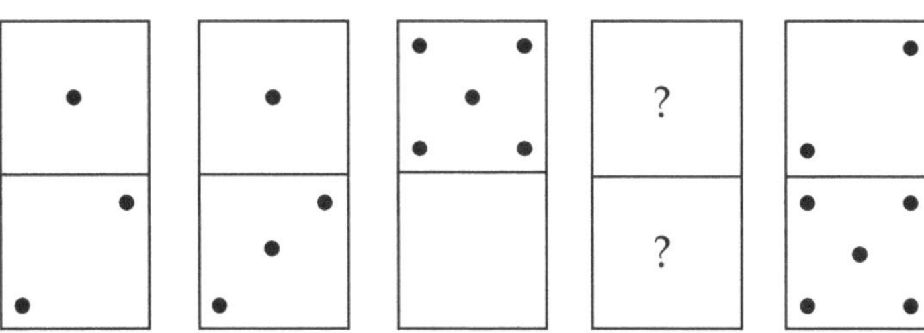

---

* Les réponses sont en page 26.

## *Exemple 13*

Déterminez le domino manquant :

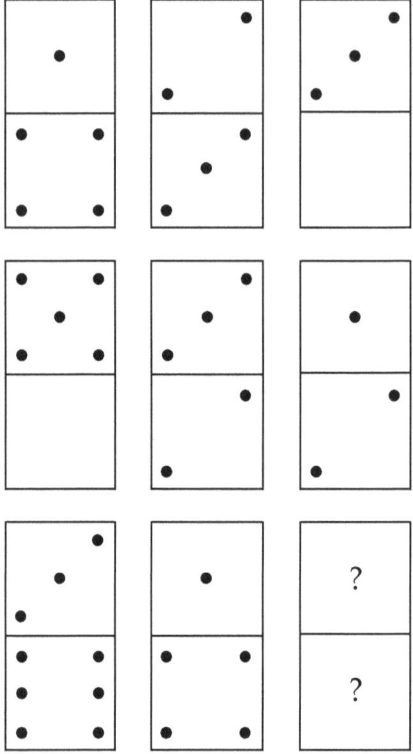

## *Exemple 14*

Complétez la série :

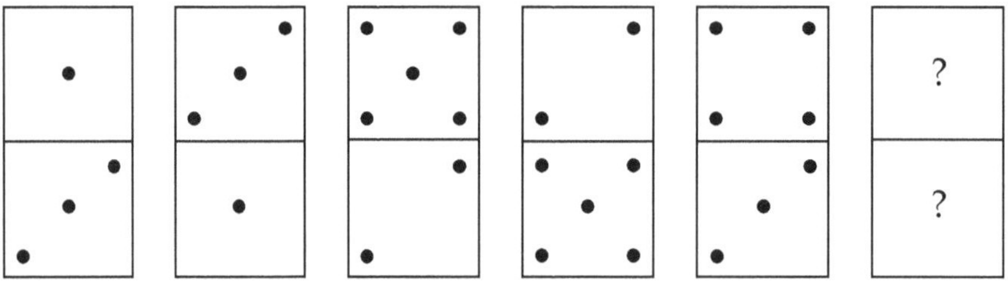

## *Exemple 15*

Trouvez le domino manquant :

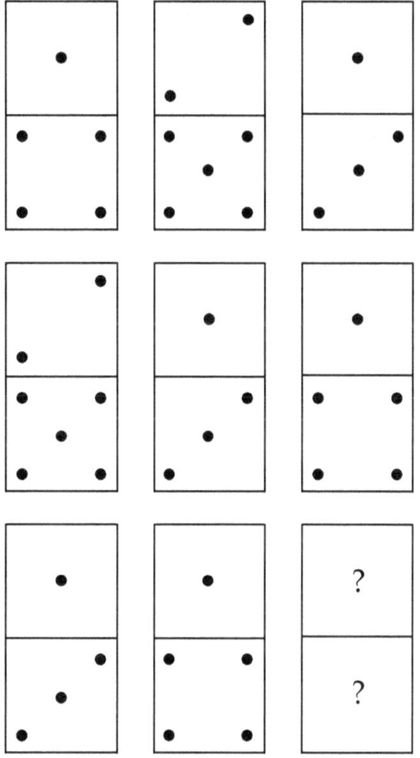

## *Exemple 16*

Complétez la série :

### *Exemple 17*

Trouvez la carte manquante :

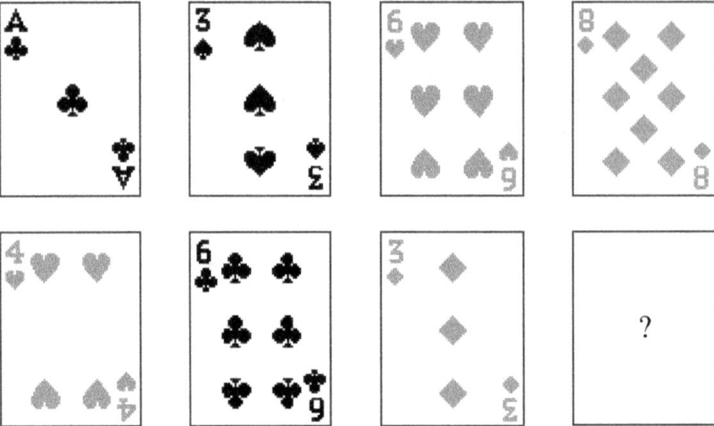

### *Exemple 18*

Déterminez la carte de la dernière colonne :

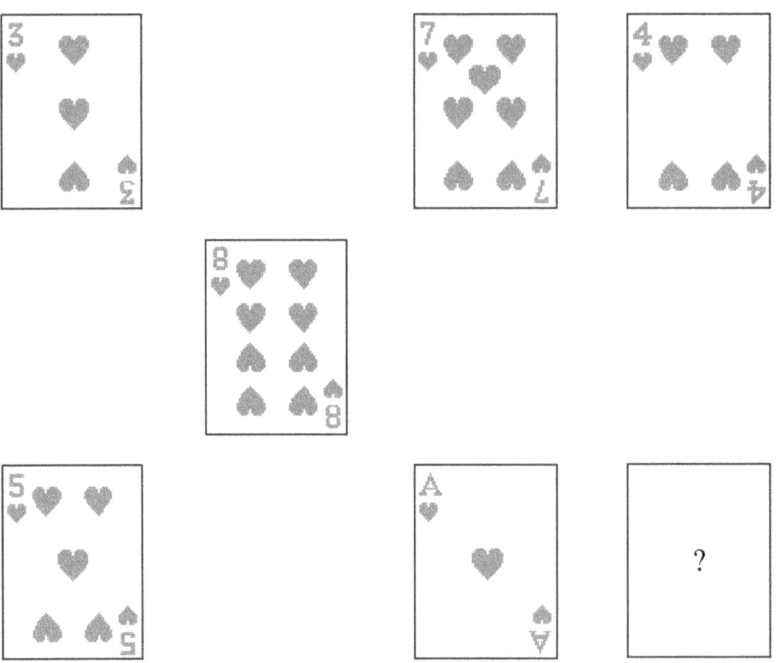

### Exemple 19

Quelle carte manque ?

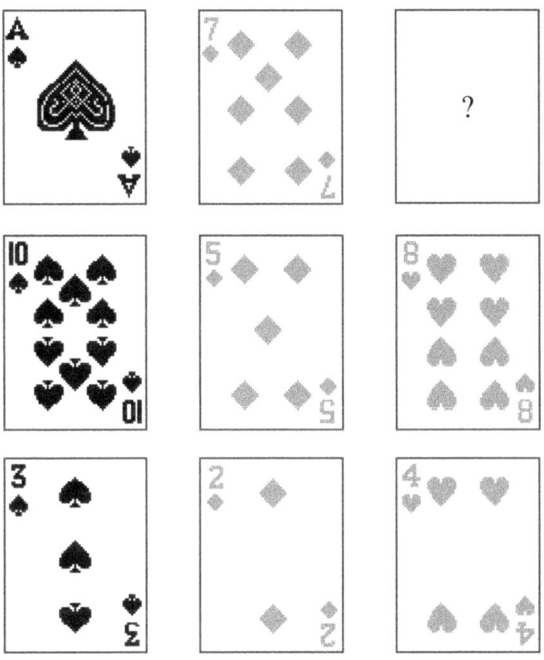

### Exemple 20

Déterminez la carte manquante :

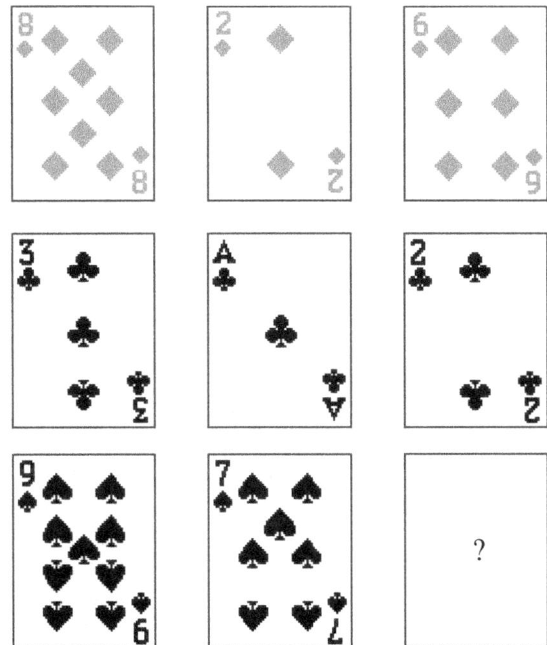

## C. Tests de mathématiques*

*Exemple 21*

Quel est le résultat de l'opération suivante :
99 + 2 × 12 - 2 × 50 + 76 + 1 = ?

A ❑   100            C ❑   70
B ❑   150            D ❑   40

*Exemple 22*

Quel est le résultat de l'opération suivante : $\dfrac{49}{26} : \dfrac{21}{39}$

A ❑   $\dfrac{5}{3}$

B ❑   $\dfrac{4}{5}$

C ❑   $\dfrac{7}{2}$

D ❑   $\dfrac{11}{3}$

*Exemple 23*

Une facture de téléphone s'élève à 108 € hors taxe. Sachant que le taux de TVA vaut 19,60 %, quel est le montant réel de la facture ?

A ❑   131,45 €      C ❑   129,16 €
B ❑   112,56 €      D ❑   121,14 €

*Exemple 24*

Un capital de 10 000 € placé pendant 9 mois rapporte 750 €. Quel est le taux d'intérêt annuel ?

A ❑   8 %           C ❑   12 %
B ❑   10 %          D ❑   15 %

*Exemple 25*

Soit un plan à l'échelle $\dfrac{1}{100}$.

Quelle est la superficie réelle d'une pièce représentée sur le plan par un rectangle de longueur 4 cm et de largeur 1,5 cm ?

A ❑   5 m$^2$       C ❑   7 m$^2$
B ❑   6 m$^2$       D ❑   9 m$^2$

---

* Les réponses sont en page 28.

### Exemple 26

Soit un groupe de 80 enfants âgés entre 8 et 12 ans. Un quart sont des filles. La moitié des garçons ont moins de 10 ans et le quart des filles ont plus de 10 ans. Combien y a-t-il d'enfants âgés entre 10 et 12 ans ?

A ❏　35　　　　　C ❏　38
B ❏　40　　　　　D ❏　43

### Exemple 27

Un ballon, lâché sans vitesse du haut d'un immeuble de 20 m, rebondit sur le sol à $\frac{2}{5}$ de la hauteur initiale.

À quelle hauteur remonte le ballon après le troisième rebond ?

A ❏　1,28 m　　　　C ❏　1,44 m
B ❏　1,30 m　　　　D ❏　1,12 m

### Exemple 28

Une cuve de 20 litres pleine d'eau laisse fuir 1,5 litre en 45 minutes. Au bout de combien de temps la cuve sera-t-elle à moitié vide ?

A ❏　3 h 45　　　　C ❏　4 h 30
B ❏　2 h 15　　　　D ❏　5 h

### Exemple 29

La vitesse de propagation de la lumière dans le vide est de 300 000 km/s. Combien de temps faut-il à une onde lumineuse pour aller du Soleil à la Terre, sachant que le Soleil et la Terre sont distants de 150 000 000 km ?

A ❏　8 mn　　　　C ❏　8 mn 20
B ❏　7 mn 30　　　D ❏　7 mn

### Exemple 30

Quel est le volume d'un cylindre de 10 m de rayon et de 3 m de hauteur ?

A ❏　950 m$^3$　　　C ❏　964 m$^3$
B ❏　942 m$^3$　　　D ❏　956 m$^3$

# D. Tests des figures géométriques*

*Exemple 31*

Quelle est la figure manquante ?

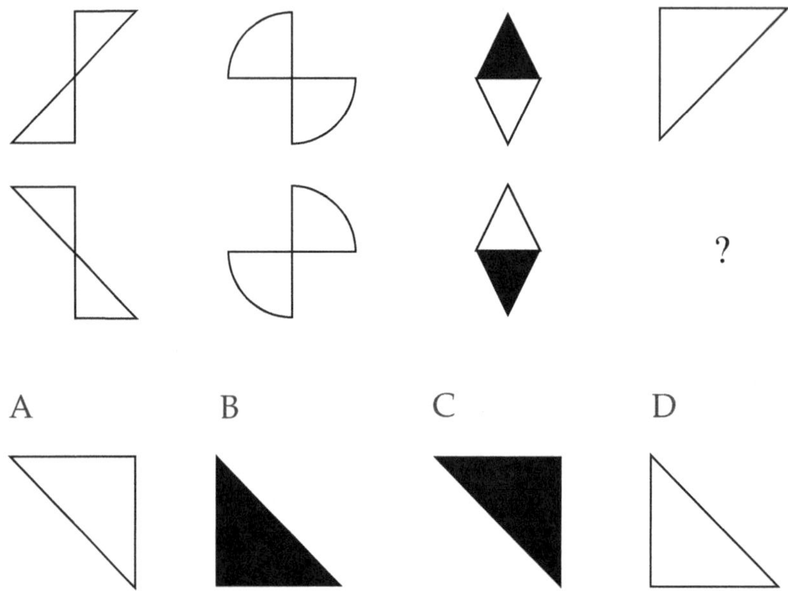

A         B         C         D

*Exemple 32*

Complétez la dernière série de dessins :

---

* Les réponses sont en page 30.

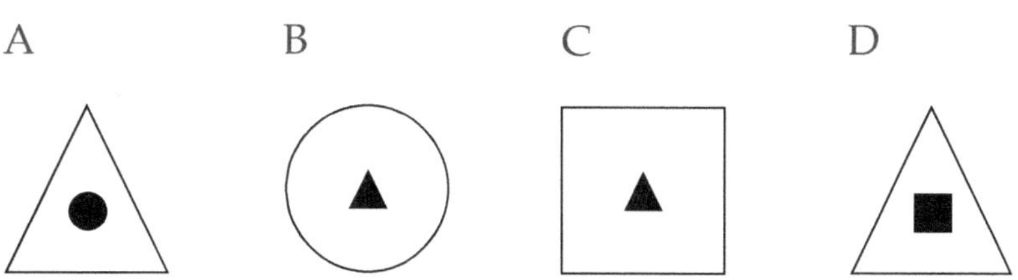

**Exemple 33**

Déterminez le dernier dessin :

**Exemple 34**

Comment se termine la deuxième série ?

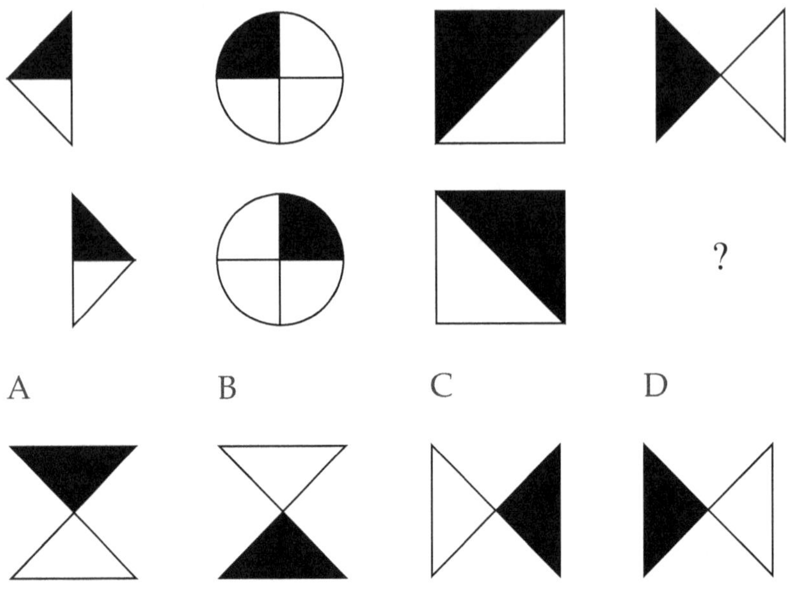

**Exemple 35**

Complétez la troisième ligne :

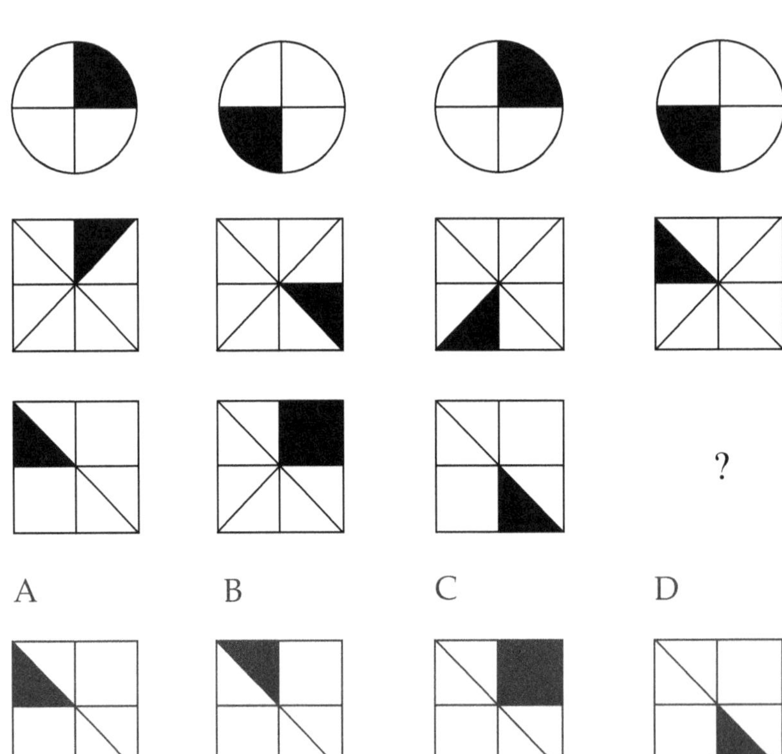

## Solutions

## ■ TESTS DES LETTRES, DES MOTS ET DES CHIFFRES*

### Réponse 1 : C)

Le premier mot *vert* comporte 4 lettres, le deuxième *jaune* 5 lettres, le troisième *violet* 6 lettres. Le dernier mot doit donc avoir 7 lettres d'où *magenta*.

Précision : *magenta* est bien une couleur ; en photographie ou en imprimerie, c'est une couleur primaire rose.

### Réponse 2 : (10)

Attention à la fausse piste. La suite des chiffres 4, 5, 6 pourrait laisser penser que la réponse est 7. Mais dans ce cas, il n'y aurait aucun lien avec les mots.

Le chiffre entre parenthèses indique le nombre de lettres qui composent le mot qui précède d'où (10) pour clémentine.

Cet exemple montre qu'il faut se méfier des exercices qui *a priori* semblent faciles.

### Réponse 3 : (H)

Chaque nombre est suivi de la première lettre du mot qui le désigne.

### Réponse 4 : M

La suite progresse dans l'ordre de l'alphabet en sautant 2 lettres à chaque fois.

### Réponse 5 : M

Le nombre entre deux lettres indique le nombre de lettres qui les séparent dans l'alphabet.

### Réponse 6 : 10

Cette suite est une suite arithmétique de raison 3. Chaque nombre s'obtient en ajoutant 3 au nombre précédent : $7 + 3 = 10$ et $10 + 3 = 13$.

---

* Les questions sont en page 14.

### Réponse 7 : 27

Cette suite est une suite géométrique de raison 3. Chaque nombre s'obtient en multipliant par 3 le nombre précédent : $9 \times 3 = 27$ et $27 \times 3 = 81$.

### Réponse 8 : 17

Chaque nombre est égal à la somme des deux nombres précédents : $6 + 11 = 17$ et $11 + 17 = 28$.

### Réponse 9 : 8 et 10

Cette série est plus complexe. Elle est constituée de deux suites :

$$2 \quad . \quad 4 \quad . \quad 6 \quad . \quad ? \quad . \quad 10$$
$$. \quad 19 \quad . \quad 16 \quad . \quad 13 \quad . \quad ? \quad . \quad 7$$

La première est une suite arithmétique de raison 2 ; on ajoute 2 à chaque fois : $6 + 2 = 8$, $8 + 2 = 10$.

La deuxième est une suite arithmétique de raison - 3 ; on retranche 3 à chaque fois : $13 - 3 = 10$, $10 - 3 = 7$.

### Réponse 10 : 8

Pour chaque ligne, le total des nombres vaut 18 : $3 + 6 + 9 = 18$, $10 + 4 + 4 = 18$, $18 - 8 - 2 = 8$.

## ■ TESTS DES DOMINOS ET DES CARTES*

### Réponse 11 :

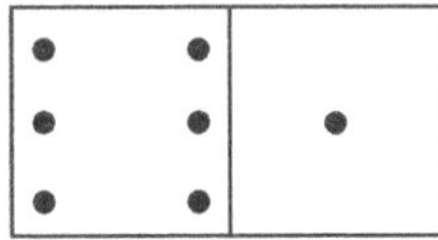

La somme des deux parties de chaque domino augmente de un à chaque fois : 4, 5, 6 et 7 pour le dernier.

Les dominos forment une suite de chiffres particulière : 0 (blanc), 1, 2, 3, 4, 5, 6 puis 0 (blanc), 1, 2, 3,... .

### Réponse 12 :

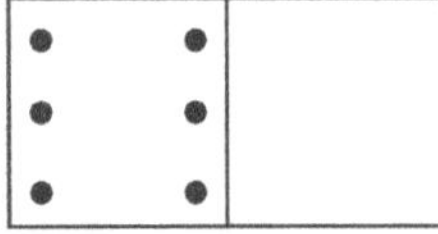

On ajoute 2 à la partie supérieure du premier domino pour obtenir la partie inférieure du second domino.

On ajoute ensuite 2 à cette partie pour obtenir la partie supérieure du troisième domino, etc.

---

* Les questions sont en page 15.

On retranche 1 à la partie inférieure du premier domino pour obtenir la partie supérieure du second domino, puis on ote 1 à cette partie pour obtenir la partie inférieure du troisième domino, etc.

## Réponse 13 :

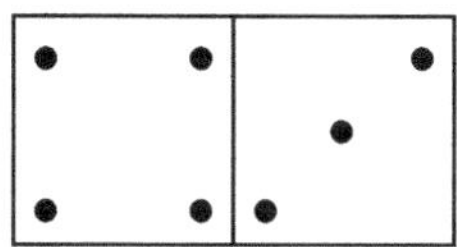

Pour chaque ligne, la partie supérieure du troisième domino est égale à la somme des parties supérieures des deux autres dominos de la même ligne. Idem pour la partie inférieure.

## Réponse 14 :

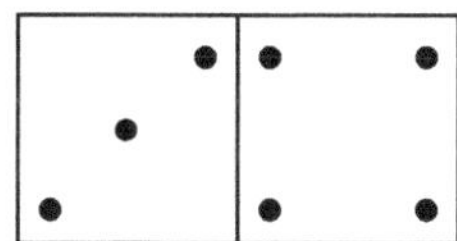

Le premier et le deuxième dominos sont inversés. Idem pour le troisième et le quatrième et donc pour les deux derniers.

## Réponse 15 :

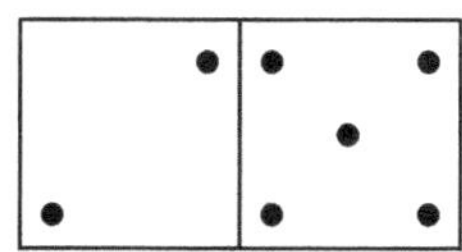

On retrouve les mêmes dominos sur chaque ligne mais dans un ordre différent.

## Réponse 16 :

Les couleurs rouges alternent (cœur-carreau-cœur...). On ajoute 2 à chaque carte d'où : 7 + 2 = 9 et 9 + 2 = 11 ce qui équivaut à l'as.
Les valeurs des cartes constituent une suite de chiffres particulière : 1, 2, 3, 4, 5, 6, 7, 8, 9, 10, 1, 2, 3...

## Réponse 17 :

Les quatre couleurs sont représentées dans chaque ligne. Seul le pique manque dans la deuxième ligne.
À la première ligne, la seconde carte s'obtient en ajoutant 2 à la première et la valeur de la dernière carte est égale à la valeur de la troisième carte à laquelle on ajoute 2. Idem pour la deuxième ligne (on vérifie que la deuxième carte s'obtient en ajoutant 2 à la première) : ainsi, la valeur de la carte manquante est 3 + 2 = 5.

**Réponse 18 :**

Toutes les cartes ont même couleur : le cœur.
La somme des valeurs de chaque colonne vaut 8.

**Réponse 19 :**

Toutes les cartes d'une colonne ont la même couleur, d'où cœur pour la carte manquante.
Pour chaque colonne, la somme des valeurs des cartes est 14 d'où 14 - 8 - 4 = 2.

**Réponse 20 :**

Les cartes d'une ligne ont même couleur et pour chaque ligne la valeur de la troisième carte est égale à la première moins la deuxième, d'où :
9 - 7 = 2.

## ■ TESTS DE MATHÉMATIQUES*

**Réponse 21 : A)**

On a    $2 \times 12 = 24$ et $2 \times 50 = 100$
Donc    $99 + 2 \times 12 - 2 \times 50 + 76 + 1$
        $= 99 + 24 - 100 + 76 + 1$
        $= (99 + 1) + (24 + 76) - 100$ (l'addition est commutative)
        $= 100 + 100 - 100$
        $= 100$

**Réponse 22 : C)**

$$\frac{49}{26} : \frac{21}{39} = \frac{\frac{49}{26}}{\frac{21}{39}} = \frac{49}{26} \times \frac{39}{21} = \frac{(7 \times 7) \times (3 \times 13)}{(2 \times 13) \times (3 \times 7)} = \frac{7}{2}$$

---

* Les questions sont en page 20.

**Réponse 23 : C)**

Il faut effectuer l'opération : $108 + 108 \times 19{,}60\ \%$.
Multiplier par 19,60 % revient approximativement à diviser par 5.
Le nombre le plus proche de 108 divisible par 5 est 110 et
$110 : 5 = 22$.
$110 + 22 = 132$, donc parmi les solutions proposées, le résultat le plus proche est 129,16 €.

**Réponse 24 : B)**

Le gain est de 750 € en 9 mois.
Le gain est donc de $(750 : 9)$ par mois et de $((750 : 9) \times 12)$ par an.

$$\text{Or } (750 : 9) \times 12 = \frac{750 \times 12}{9} = \frac{750 \times 4}{3} = 250 \times 4 = 1\ 000$$

Le placement de 10 000 € rapporte 1 000 € par an d'où un taux d'intérêt annuel égal à 10 % : $1\ 000 : 10\ 000 = 0{,}1 = 10\ \%$.

**Réponse 25 : B)**

Dimension réelle = dimension sur le papier : échelle.
Ainsi, 4 cm sur le papier représente 400 cm en réalité, soit 4 m :

$$4 : \frac{1}{100} = 4 \times 100 = 400.$$

De même, 1,5 cm sur le papier représente 150 cm en réalité, soit 1,5 m.
La superficie réelle de la pièce est de 6 m$^2$ : $4 \times 1{,}5 = 6$.

**Réponse 26 : A)**

Il y a 80 enfants entre 8 et 12 ans :
  – dont 20 filles :     $80 : 4 = 20$,
  – et 60 garçons :     $80 - 20 = 60$.

Parmi les filles, il y en a :
  – 5 qui ont plus de 10 ans :       $20 : 4 = 5$,
  – et 15 qui ont moins de 10 ans :   $20 - 5 = 15$.

Parmi les garçons :
  – 30 ont moins de 10 ans :       $60 : 2 = 30$,
  – 30 ont plus de 10 ans :       $60 - 30 = 30$.

Il y a donc 35 enfants âgés entre 10 et 12 ans (5 filles et 30 garçons).

**Réponse 27 : A)**

Au premier rebond, le ballon remonte de 8 m : $20 \times (2 : 5) = 8$.
Au deuxième rebond, le ballon remonte de 3,2 m :
$8 \times (2 : 5) = 3{,}2$.
Au troisième rebond, le ballon remonte de 1,28 m :
$3{,}2 \times (2 : 5) = 1{,}28$.

**Réponse 28 : D)**

45 mn $= 0{,}75$ h
Le débit de la fuite vaut 2 litres par heure : $1{,}5 : 0{,}75 = 2$.
La cuve est moitié vide quand elle a perdu 10 litres d'eau, c'est
à dire au bout de 5 heures : $10 : 2 = 5$.

**Réponse 29 : C)**

$150\,000\,000 : 300\,000 = 500$ et $500$ s $= 8$ mn $20$ s.

**Réponse 30 : B)**

La superficie de la base est égale à environ 314 m$^2$ :
$\Pi \times \text{rayon}^2 = 3{,}14 \times 10^2$.
Le volume vaut donc 942 m$^3$ :
volume $=$ hauteur $\times$ aire de la base $= 3 \times 314$.

## ■ TESTS DES FIGURES GÉOMÉTRIQUES*

**Réponse 31 : D)**

Les dessins de la deuxième ligne sont les symétriques des figures de la première ligne par rapport à un axe horizontal situé entre les deux lignes. Le symétrique du triangle est le dessin proposé en D.

**Réponse 32 : B)**

Pour chaque série, le troisième dessin est la superposition du premier dessin qui devient petit et noir et du deuxième dessin qui devient blanc. Le dessin recherché doit donc être composé d'un grand cercle et d'un petit triangle noir.

---

* Les questions sont en page 22.

### Réponse 33 : D)

Le troisième dessin est la superposition des deux premières figures de la même ligne. La bonne réponse est bien D.

### Réponse 34 : C)

Les figures de la deuxième ligne sont les symétriques des dessins de la première ligne par rapport à un axe vertical.

### Réponse 35 : A)

Sur chaque ligne, la case noire avance de deux cases à chaque fois.

## ■ APPRÉCIATIONS DE VOS RÉSULTATS ET STRATÉGIE POUR LE CONCOURS

Si vous avez réussi le tout en une heure, c'est un résultat très honorable. Si vous avez réussi en seulement une demi-heure, vous êtes assurément un champion. Et tous les espoirs vous sont permis pour les concours.

Mais peut-être avez-vous perdu beaucoup de temps sur plusieurs questions ?

Si vous vous êtes arrêté (blocage), c'est une catastrophe. Sachez-le bien : mieux vaut perdre un point sur une question ponctuelle, plutôt que de compromettre votre résultat d'ensemble.

Donc, si vous ne parvenez pas à résoudre une énigme, mieux vaut vous arrêter au bout d'une minute, et passer aux questions suivantes. Vous reviendrez au point manquant s'il vous reste du temps après la dernière question.

Quant aux exercices impliquant des calculs, ils sont généralement assez simples. Il faut donc vous entraîner à les effectuer le plus rapidement possible.

Vous aviez sans doute effectué vous-même ces simples remarques de bon sens. Elles seront reprises et confirmées au cours des pages qui suivent. Attention à bien les garder à l'esprit le jour du concours. La clé du succès : rester parfaitement maître de vous. Ce sera le fruit de votre entraînement.

# PREMIÈRE PARTIE

# Conseils et exercices

Tests des lettres, des mots
et des chiffres

Tests des dominos
et des cartes

Tests de mathématiques

Tests de figures géométriques

**Solutions**

En dépit de leur diversité, les tests de raisonnement logique obéissent pratiquement tous aux mêmes règles. Un test se compose le plus souvent d'une succession d'éléments. Cette succession présente certaines propriétés : progression, symétrie, similarité... La résolution du test passe par la détermination de ces caractéristiques, l'objectif étant de deviner le ou les éléments manquants de la suite.

Les tests de raisonnement logique ne mesurent pas réellement l'intelligence, mais seulement certaines aptitudes intellectuelles.

Le candidat doit avant tout avoir l'esprit d'observation : un examen attentif des éléments constitutifs du test permet en général de découvrir des indices sur la loi sous-jacente au test. La détermination de cette loi fait ensuite appel à une capacité de raisonnement et à la mémoire : les tests sont toujours établis à partir de règles et celles-ci sont de même nature quel que soit le test.

Enfin, le candidat doit faire preuve d'imagination : il lui faut extrapoler la série pour deviner les éléments manquants.

Les épreuves de concours sont à durée limitée. La résolution des tests nécessite donc une rapidité d'exécution la plus grande possible. Celle-ci s'acquière facilement par l'entraînement.

## CONSEILS GÉNÉRAUX

Il ne sert à rien de s'entraîner sur des milliers de tests. L'essentiel est de comprendre le principe qui se cache derrière les énoncés. La plupart des tests sont conçus sur un nombre limité de schémas qu'il vous faut connaître. Dans les pages suivantes, nous vous dévoilons les règles des exercices qui reviennent couramment dans les épreuves de concours.

Nous vous conseillons vivement de créer vous-même vos propres tests, une fois que vous aurez parcouru l'ensemble des chapitres. Vous retiendrez ainsi rapidement les principes de base. Soumettez vos tests à des amis ; vous constaterez que, comme les membres du jury, vous pouvez aussi proposer des exercices particulièrement compliqués !

Lors des concours, vous serez inévitablement arrêté par un exercice. Ne perdez pas votre temps. Passez rapidement au suivant. Les questions ne sont pas rangées dans l'ordre croissant de difficulté. Revenez sur les exercices difficiles à la fin de l'épreuve s'il vous reste du temps. Souvent une question située plus loin dans l'énoncé vous donnera des idées pour les exercices non résolus.

Lorsque vous ne trouvez pas la solution, mieux vaut ne pas répondre, plutôt que de choisir une solution au hasard. Les systèmes de notation adoptés dans les concours sont en général :

- 1 point pour une bonne réponse,
- -1/2 point pour une mauvaise réponse,
- 0 quand il n'y a pas de réponse,
- 0 point pour une réponse illisible.

Les fausses réponses coûtent bien plus cher que les non réponses.

Les tests sont toujours à exécuter dans un temps limité. La rapidité de raisonnement est ainsi mesurée. De plus, beaucoup d'exercices peuvent paraître faciles, voire trop faciles. Mais lors des concours, c'est leur masse qui fera la difficulté : l'accumulation des exercices transforme l'épreuve en une véritable course contre la montre. Les exercices et les épreuves de concours qui sont proposés dans cet ouvrage vous permettront de vous entraîner et d'acquérir cette vitesse d'exécution.

# Tests des lettres, des mots et des chiffres

## ■ SÉRIES DE CHIFFRES

Elles se composent d'une suite de nombres. Il faut déterminer un ou plusieurs chiffres manquants. Ceux-ci s'obtiennent à partir des précédents par des opérations arithmétiques souvent relativement simples. Les règles qui sont présentées ci-dessous sont les plus couramment utilisées dans les épreuves de concours.

*Exemple 1 :*   1    3    5    7    ?

L'une des principales règles à connaître est celle des **suites arithmétiques.** On appelle suite arithmétique, une suite de nombres tels que chaque terme est la somme du précédent et d'un nombre constant appelé **raison.**

L'exemple 1 est une suite arithmétique de raison 2 : chaque nombre s'obtient en ajoutant 2 au précédent. La bonne réponse est donc 9 : 7 + 2 = 9.

*Exemple 2 :*   20    17    14    11    ?

La progression peut être décroissante. C'est le cas lorsque la raison est négative.

L'exemple 2 est une suite arithmétique de raison - 3. On retranche 3 à chaque fois. La bonne réponse est 8 : 11 - 3 = 8.

*Exemple 3 :*   1    5    4    7    7    9    ?    ?

Le principe se complique lorsque l'on combine plusieurs suites arithmétiques.

L'exemple 3 est la combinaison de 2 suites :

    1  .  4  .  7  .  ?  .
    .  5  .  7  .  9  .  ?

La première est une suite arithmétique de raison 3. On ajoute 3 à chaque fois.

La seconde est une suite arithmétique de raison 2. On ajoute 2 à chaque nombre.

Il fallait donc trouver 10 et 11 : $7 + 3 = 10$ et $9 + 2 = 11$.

**Exemple 4 :**　1　　10　　3　　8　　5　　6　　?　　?

On peut combiner des suites arithmétiques croissantes et décroissantes.

Les deux suites qui composent cet exemple sont :

| 1 | . | 3 | . | 5 | . | ? | . |
|---|---|---|---|---|---|---|---|
| . | 10 | . | 8 | . | 6 | . | ? |

La première est une suite arithmétique de raison 2. On ajoute 2 à chaque terme.

La deuxième est une suite arithmétique de raison - 2. On retranche 2 à chaque fois.

Bonne réponse : 7 et 4.　　$5 + 2 = 7$ et $6 - 2 = 4$.

**Exemple 5 :**　1　　2　　4　　8　　?　　32

Il est indispensable de connaître le principe de la **progression géométrique.** Une suite géométrique est une suite de nombres tels que chaque terme est le produit du précédent par un nombre constant encore appelé **raison.**

L'exemple 5 est une suite géométrique de raison 2. On multiplie chaque nombre par 2 : $8 \times 2 = 16$. On vérifie que $16 \times 2 = 32$.

**Exemple 6 :**　81　　27　　9　　?　　1

Là encore, la progression peut être décroissante. C'est le cas quand la raison est inférieure à 1.

L'exemple 6 est une suite géométrique de raison 1/3. On divise chaque terme par 3 : $9 : 3 = 3$. On vérifie que $3 : 3 = 1$.

**Exemple 7 :**　1　　5　　3　　10　　9　　20　　?　　?

Comme pour les suites arithmétiques, les combinaisons de plusieurs suites géométriques sont possibles.

L'exemple 7 est constitué de deux suites :

| 1 | . | 3 | . | 9 | . | ? | . |
|---|---|---|---|---|---|---|---|
| . | 5 | . | 10 | . | 20 | . | ? |

La première est une suite géométrique de raison 3. Chaque nombre s'obtient en multipliant le précédent par 3.
La deuxième est une suite géométrique de raison 2. On multiplie à chaque fois par 2.
Il fallait trouver 27 et 40 : $9 \times 3 = 27$ et $20 \times 2 = 40$.

***Exemple 8 :***   2      64     10     16     50     4      ?      ?

On peut évidemment combiner des suites géométriques croissante et décroissante.
La série est composée de deux suites géométriques :

|      2      |  .  |    10    |  .  |    50    |  .  |    ?     |  .  |
|-----|------|-----|------|-----|------|-----|------|
|      .      |  64 |    .     |  16 |    .     |  4  |    .     |  ?  |

La première est de raison 5 (on multiplie par 5 à chaque fois), et la seconde de raison 1/4 (on divise chaque nombre par 4).
La bonne réponse est : 250 et 1.      $50 \times 5 = 250$ et $4 : 4 = 1$.

***Exemple 9 :***   1      16     3      8      5      4      ?      ?

On peut combiner des suites arithmétiques et des suites géométriques, croissantes et décroissantes.
La première suite : 1   .   3   .   5   .   ?   .   est une suite arithmétique de raison 2. On ajoute 2 à chaque terme.
La deuxième suite : .   16   .   8   .   4   .   ?   est une suite géométrique de raison 1/2. On divise chaque nombre par 2.
Bonne réponse : 7 et 2.      $5 + 2 = 7$ et $4 : 2 = 2$.

***Exemple 10 :***   1      3      6      8      ?      ?

Dans une même suite, on peut coupler la progression arithmétique et la progression géométrique.
L'exemple 10 est construit sur le schéma : 1 (+ 2) 3 (× 2) 6 (+ 2) 8 (× 2) 16 (+ 2) 18.

***Exemple 11 :***   3      4      7      11     ?      29

Chaque terme de la suite se déduit en ajoutant les deux nombres qui précèdent.
Le chiffre manquant est donc 18 : $7 + 11 = 18$.
On vérifie que : $11 + 18 = 29$.

**Exemple 12 :**  2   3   6   18   ?   1944

Le même raisonnement peut être tenu avec le produit.
On a : $2 \times 3 = 6$ et $3 \times 6 = 18$. D'où $6 \times 18 = 108$ et on vérifie que $18 \times 108 = 1944$.

**Exemple 13 :**  1   5   8   10   ?   11

Chaque terme de la suite s'obtient en ajoutant un nombre qui diminue de manière constante.
On ajoute 4 au premier chiffre, 3 au deuxième, 2 au troisième... :
1 (+ 4) 5 (+ 3) 8 (+ 2) 10 (+ 1) 11 (+ 0) 11

**Exemple 14 :**  2   6   12   20   ?   42

Inversement, la valeur qui sépare chaque terme de la suite peut augmenter.
On ajoute 4 au premier chiffre, 6 au second, 8 au troisième... :
2 (+ 4) 6 (+ 6) 12 (+ 8) 20 (+ 10) 30 (+ 12) 42

**Exemple 15 :**  12   21   42   24   48   ?

Les tests sont parfois simplement construits sur des symétries. Souvent, les premières observations, avant tout essai de calcul, vous permettent de les repérer rapidement.
Dans l'exemple 15, les nombres vont par paire. Pour chaque paire, le deuxième élément découle du premier nombre en inversant les chiffres. Le symétrique de 48 est 84.

**Exemple 16 :**

|  | 1 |  |  | 3 |  |  | ? |  |
|---|---|---|---|---|---|---|---|---|
| 2 | | 5 | 8 | | 2 | 5 | | 3 |
| 2 | | 4 | 4 | | 3 | 2 | | 4 |

Les tableaux de chiffres déconcertent souvent les candidats. Pourtant ils sont construits sur des schémas simples et ne font appel qu'aux opérations arithmétiques de base comme l'addition, la soustraction, la multiplication et la division.
Ici, le chiffre du sommet s'obtient en retranchant la somme des nombres de la base à la somme des nombres de la deuxième ligne, d'où : 5 + 3 = 8    2 + 4 = 6 et 8 - 6 = **2**

Les tests deviennent de plus en plus complexes lorsque les règles sont combinées. Toutefois, comme vous pouvez le constater, les principes de base sont relativement simples. Il faut absolument que vous les maîtrisiez pour pouvoir les reconnaître rapidement dans les épreuves de concours.

## ■ SÉRIES DE LETTRES

Les séries de lettres suivent les mêmes principes que les séries de chiffres. Seul le matériau change.

Les tests de lettres s'appuient souvent sur le rang des lettres dans l'alphabet. Il est vivement conseillé au candidat d'écrire dès le début de l'épreuve sur un brouillon l'alphabet en affectant à chaque lettre son rang croissant et décroissant, comme suit :

| A | B | C | D | E | F | G | H | I | J | K | L | M |
|----|----|----|----|----|----|----|----|----|----|----|----|----|
| 1 | 2 | 3 | 4 | 5 | 6 | 7 | 8 | 9 | 10 | 11 | 12 | 13 |
| 26 | 25 | 24 | 23 | 22 | 21 | 20 | 19 | 18 | 17 | 16 | 15 | 14 |

| N | O | P | Q | R | S | T | U | V | W | X | Y | Z |
|----|----|----|----|----|----|----|----|----|----|----|----|----|
| 14 | 15 | 16 | 17 | 18 | 19 | 20 | 21 | 22 | 23 | 24 | 25 | 26 |
| 13 | 12 | 11 | 10 | 9 | 8 | 7 | 6 | 5 | 4 | 3 | 2 | 1 |

Dans bien des cas, il suffit de remplacer les lettres par leur numéro d'ordre pour retrouver les règles vues précédemment sur les séries de chiffres.

*Exemple 1 :*    B   E   H   K   ?   Q

> Chaque lettre de la suite est séparée par le même nombre de lettres dans l'alphabet.
> La suite progresse dans l'ordre de l'alphabet en sautant 2 lettres à chaque fois.
> La lettre manquante est donc N : K (l, m) N (o, p) Q.
> Les candidats qui sont plus à l'aise avec les chiffres peuvent remplacer chaque lettre par son numéro d'ordre croissant dans l'alphabet.
> L'exemple 1 devient :   2   5   8   11   ?   17.
> Il s'agit d'une suite arithmétique de raison 3.
> On ajoute 3 à chaque terme : 11 + 3 = 14 et 14 + 3 = 17.
> La lettre de rang 14 dans l'alphabet est bien la lettre N.

**Exemple 2 :**        V    R    N    J    ?    B

> La progression peut être décroissante.
> On remonte l'alphabet à partir de V en sautant 3 lettres à cha-
> que fois. De J, on passe donc à F : F ← (g, h, i) 3 + J.
> On vérifie qu'il y a trois lettres entre F et B : B ← (c, d, e) 3 + F.
> Là encore, le candidat peut remplacer les lettres par leur rang
> dans l'alphabet.
> On obtient la suite :    22   18   14   10   ?   2.
> C'est une suite arithmétique de raison - 4.
> Le chiffre manquant est donc : 10 - 4 = 6.
> La lettre de rang 6 est bien la lettre F.

**Exemple 3 :**    A   M   D   K   G   I   J   G   ?   ?

> Les suites peuvent être combinées.
> Cette série est composée de deux suites :
>     A  .  D  .  G  .  J  .  ?  .
>     .  M  .  K  .  I  .  G  .  ?
>
> Dans la première suite, les lettres sont dans l'ordre croissant
> de l'alphabet et sont à chaque fois séparées par 2 lettres. La
> première lettre inconnue est donc M : J (k, l) M.
> Dans la deuxième suite, les lettres sont dans l'ordre décrois-
> sant de l'alphabet et sont séparées d'une lettre à chaque fois.
> La deuxième lettre inconnue est donc E : E (f) G.

**Exemple 4 :**    A   C   F   J   ?   U

> Les lettres sont séparées par un nombre de lettres qui aug-
> mente de 1 à chaque fois.
> A et C sont séparées par une lettre, C et F par deux lettres, F
> et J par trois lettres,...
> J et la lettre inconnue doivent donc être distantes de quatre
> lettres : J + 4 (k, l, m, n) → O.
> On vérifie que O et U sont séparées par cinq lettres.

**Exemple 5 :**    Z   Y   W   T   ?

> De même, on peut partir de la fin de l'alphabet.
> On remonte de 3 lettres à partir de Z... :
> P ← (q r s) 3 + T ← (u v) 2 + W ← (x) 1 + Y ← () 0 + Z.

**Exemple 6 :**    A C = D    B E = G    I J = S    C H = ?

> On déduit une lettre à partir de deux autres lettres en additionnant leur rang.
> Rang de A (1) + rang de C (3) = rang de D (4)...
> C étant de rang 3 et H de rang 8, la lettre manquante doit être de rang 11 (= 3 + 8) : il s'agit de K.

**Exemple 8 :**    D  C  B  A      M  L  K  J      T  S  R  ?

> Une suite peut se décomposer en plusieurs groupes de lettres. Dans ce cas, il faut deviner la logique sous-jacente aux premiers groupes de lettres pour déterminer la lettre inconnue du dernier groupe.
> L'exemple 8 est constitué de trois groupes de quatre lettres : D, C, B, A  M, L, K, J et T, S, R, ?.
> Dans chaque groupe, les lettres sont données dans l'ordre inverse de l'alphabet.
> La lettre recherchée est celle qui précède R dans l'alphabet c'est-à-dire Q.

**Exemple 9 :**    C  X      H  S      A  Z      L  ?

> Les lettres sont regroupées deux par deux : C et X, H et S, A et Z, L et ?.
> C est en troisième position depuis le début de l'alphabet et X en troisième position à partir de la fin de l'alphabet.
> De même, H et S sont en huitième position respectivement du début et de la fin de l'alphabet ...
> L est en douzième position du début de l'alphabet. La lettre en douzième position à partir de la fin de l'alphabet est la lettre O.

**Exemple 10 :**    A  C  E  G  I  K  ?  ?

> Les lettres vont par paire : A et C, E et G, I et K.
> La première lettre est une voyelle ; la deuxième lettre est située deux rangs plus loin dans l'alphabet.
> Les voyelles sont dans l'ordre alphabétique : la voyelle qui manque est donc O et la lettre qui suit est Q.

## ■ SÉRIES COMBINÉES DE CHIFFRES, DE LETTRES ET DE MOTS

On multiplie les tests à l'infini en combinant les suites de chiffres, de lettres et de mots. Les techniques sont diverses. Voici quelques exemples pouvant fournir la clé des énigmes :

- il faut trouver un chiffre correspondant à la place de la lettre dans l'alphabet (ou à l'inverse de l'ordre alphabétique),
- il faut trouver des chiffres correspondant aux écarts entre les lettres,
- il faut trouver un chiffre correspondant à l'initiale du mot, ou à sa dernière lettre,
- il faut prendre en compte le nombre de voyelles et le nombre de consonnes du mot (ce qui donne deux chiffres),
- il faut recomposer des mots à partir d'une suite de chiffres.

*Exemple 1 :*   C   3   H   8   E   5   T   ?   ?   1

Les nombres désignent le rang des lettres qui les précèdent. T est la vingtième lettre de l'alphabet et la lettre de rang 1 est A d'où la réponse :  20   A.

*Exemple 2 :*   B   2   E   1   G   4   L   ?   N

Le chiffre situé entre deux lettres indique le nombre de lettres qui les séparent dans l'alphabet. L et N sont séparées par une lettre (M) d'où la réponse : 1.

*Exemple 3 :*   3 (T)   6 (S)   10 (D)   1 (?)

La lettre est la première du mot qui désigne le nombre qui précède d'où : 1 (U)

*Exemple 4 :*   A E = 6   C I = 12   K D = 15   B M = ?

Le nombre est égal à la somme des rangs des lettres. B étant de rang 2 et M de rang 13, le nombre à trouver est 15 (15 = 2 + 13).

*Exemple 5 :*    Soit RESTITUER   357969453. Quel est le mot correspondant à 35769453 ?

Il est relativement facile de découvrir que c'est le premier T qui a disparu.
Le second mot est donc RESITUER.

Soit MINORATION et 2468135486. Trouvez le mot correspondant à 6824635486.

Vous constatez que le chiffre 1 (lettre R) a disparu, et qu'apparaît trois fois le chiffre 6 (lettre N). De MINORATION, on passe à NOMINATION.

Soit BREVETER et 36929496. Quel est le mot correspondant à 29649369 ?

Chaque chiffre correspond à une lettre. Ainsi, vous retrouvez deux 6 correspondant aux deux R, et trois 9 correspondant aux trois E. Vous devez reconstituer le mot VERTEBRE.

Soit encore DIABLOTIN 824316527. Quel est le mot correspondant à 76543221 ?

L'exercice se complique car les lettres ne sont plus du tout dans le même ordre, et l'une d'elle a disparu.
Vous pouvez constater que c'est la première lettre (D=8) qui a disparu, et vous trouvez l'ensemble NOTABIIL. À partir de cela, vous devez reconstituer le mot LIBATION.


*Exemple 6 :*

Trouvez l'intrus parmi ces mots en désordre :
REZITE   SORTI   TENATTE   TERNET   TORSINETTER.

Vous pouvez trouver treize, trois, attente, trente et trente-trois. Parmi les chiffres, l'intrus est attente.
Une fausse piste : le mot *sorti* est « sorti » au hasard. Il pourrait aussi donner *trios*. Votre critère : à partir du moment où vous trouvez deux ou trois chiffres ou nombres parmi les mots, vous pouvez penser que c'est là-dessus que le jury a voulu vous faire raisonner.


*Exemple 7 :*    Soit ARBORER et 1RB4R2R. Trouver le mot correspondant à B5R215.

Chaque voyelle est remplacée par un chiffre. Il s'agit de A1, E2, I3, O4 et U5. Vous devez trouver BUREAU.

***Exemple 8 :***

Trouvez les lettres qui manquent au dernier mot :
ara       laval       rotor       retater       re--a-ser

Il s'agit de *palindromes*, mots pouvant se lire dans un sens ou dans l'autre. Logiquement, la troisième lettre est un s, comme l'antépénultième. Si vous ne trouvez pas immédiatement la suite, il vous suffit de faire défiler les lettres de l'alphabet : seuls des s peuvent convenir, pour donner le mot *ressasser*.

***Exemple 9 :***   À partir d'une logique de progression du nombre de lettres, trouvez le quatrième mot convenable après les trois premiers :

paix         agent         gardien         ?

A ❑   capitaine          C ❑   colonel
B ❑   commandant         D ❑   général

Le premier mot *paix* a quatre lettres. Le deuxième mot *agent* a cinq lettres, soit une de plus. Le troisième mot *gardien* a sept lettres, soit deux de plus que le précédent. Il vous faut donc trouver un mot ayant maintenant trois lettres de plus : c'est *commandant*.

***Exemple 10 :***   Trouvez les chiffres qui manquent :

pie 3    geai 4    paon ?    merle 5    pinson ?
pigeon 6    bengali ?    fauvette ?    bergeronnette ?

Voici la logique la plus simple : chaque chiffre indique le nombre de lettres du nom d'oiseau. Il suffit donc de compter... en faisant attention à ne pas vous tromper pour les noms les plus longs.

***Exemple 11 :***   Trouvez le chiffre arabe qui manque après le chiffre romain :

I ?   II 2   III 3   IV ?   V ?   VI 3   VII ?   VIII ?
IX 3   X 2   XI 3   XII ?   XIII ?   XIV ?

Une seule logique apparaît : le chiffre arabe correspond au nombre de barres du chiffre romain. Il fallait donc compléter comme suit :
I 1   IV 3   V 2   VII 4   VIII 5   XII 4   XIII 5   XIV 5.

*Exemple 12 :* Les chiffres suivants sont attribués à quatre garçons :

– Jean  $\quad$ 10 + 14 = 24
– Pierre  $\quad$ 16 + 5 = 21
– François  $\quad$ 6 + 19 = 25
– Philippe  $\quad$ 16 + 5 = 21

Quels chiffres doivent être attribués à Christophe ?

Le premier chiffre correspond au rang alphabétique de l'initiale, et le deuxième chiffre à celui de la dernière lettre du prénom. Le rapprochement entre Pierre et Philippe (P 16 et E 5) facilite votre tâche de repérage. Pour Christophe, c'est donc 3 + 5 = 8.

*Exemple 13 :* Quel est l'âge du capitaine ? Beaucoup de problèmes absurdes se terminent par cette question. Et pourtant elle peut être justifiée... À vous de trouver l'astuce du jury, sachant que :

– le général a 43 ans,
– le colonel a aussi 43 ans,
– le commandant (E.R.) a 73 ans,
– le lieutenant a 55 ans,
– l'adjudant a 53 ans.

## L'ÂGE DU CAPITAINE

Les mots *général* et *colonel* ont la même structure : 4 consonnes et 3 voyelles, ce qui donne 43 ans pour l'un et l'autre.
Dans le mot *commandant*, vous trouvez 7 consonnes et 3 voyelles, ce qui donne 73 ans. C'est un âge avancé. Le jury vous a donc indiqué judicieusement qu'il est en retraite (E.R.).
Dans le mot *capitaine*, vous trouvez 4 consonnes et 5 voyelles, soit 45 ans.

*Exemple 14 :* Voici deux listes de mots. Trouvez celui de la seconde qui doit rejoindre la première.

1) adjoint administratif  $\quad$ a) arrimé
2) administrateur  $\quad$ b) assemblé
3) contrôleur  $\quad$ c) attaché
4) inspecteur  $\quad$ d) enchaîné
5) secrétaire  $\quad$ e) lié

Les mots de la première liste désignent des grades administratifs. Parmi les mots de la seconde liste, *attaché* est un grade intermédiaire entre secrétaire administratif et administrateur civil.

*Exemple 15 :* Quel est le mot de la seconde liste qui appartient à la même famille que les mots de la première liste ?

1) État            a) Arrondissement
2) Région        b) Canton
3) Département    c) Commune

*État*, *région* et *département* sont des collectivités territoriales. Seul le mot *commune* de la seconde liste désigne également une collectivité territoriale. L'*arrondissement* et le *canton* sont de simples circonscriptions administratives, mais n'ont pas la personnalité morale.

## ■ LES PHRASES À RECOMPOSER

Le jury vous donne des phrases ou des membres de phrases, « dans le désordre », en mélangeant complètement les mots. Il vous faut les regrouper pour trouver une signification logique.

Sans doute plusieurs solutions sont possibles. Mais attention : le jury choisira souvent des phrases célèbres, par exemple des citations historiques ou littéraires, ou encore des proverbes ou adages populaires. Il vous faudra alors, de préférence, trouver l'ordre exact pour gagner la totalité des points.

Voici deux exemples faciles :

**1.** a    bon    bon    chat    rat

**Solution :** À bon chat bon rat (adage populaire)

**2.** garde    la    mais    meurt    ne    jamais    rend    se

**Solution :** La garde meurt, mais ne se rend jamais (Cambronne, major général de la garde impériale, face aux Anglais à Waterloo)

Nous allons maintenant vous présenter des séries de :

- vingt adages populaires,
- dix citations historiques,
- dix citations littéraires,
- dix citations humoristiques.

Bien entendu, il vous faut toujours *travailler la vitesse*. Essayez donc, montre en main, de traiter chaque série en moins de dix minutes. Et si possible en moins de cinq minutes.

À l'occasion de cet exercice, vous découvrirez plusieurs techniques de rapprochement des mots-clés, et des idées qu'ils font naître. Ainsi, sur la voie, vous devriez pouvoir reconstituer facilement la totalité de ces phrases.

## Vingt adages populaires

*Série 1*

**1.** fais  comme  un  fil  il te plaît  ne quitte pas
au mois  au mois  d'avril  de mai

**2.** toujours  chaussé  le  mal  est  plus  cordonnier

**3.** sont  les  payeurs  ne  pas  les  conseilleurs

**4.** ordonnée  commence  soi-même  bien  par  charité

**5.** l'  fait  moine  pas  ne  le  habit

**6.** fois  à  la  faut  il  pas  ne  lièvres  deux  courir

**7.** pas  chien  qui  mord  ne  aboie

**8.** la  rage  qui  l'  veut  tuer  accuse  de  son  chien

**9.** échaudé  l'  chat  froide  eau  craint

**10.** partir  ne  sert  de  rien  courir  à  point  il  faut

*Série 2*

**11.** l'  odeur  pas  n'a  d'  argent

**12.** point  à  tout  à  attendre  vient  qui  sait

**13.** bon  maître  un  serviteur  mais  c'est  mauvais
l'argent  est  un

**14.** fier  faut  il  aux  pas  se  apparences  ne

**15.** pitié  faire  mieux  que  vaut  il  envie

**16.** on  ce  aime  il  que  n'a  que  faut
a  ce  aimer  l'on  l'on  pas  quand

**17.** famille ses choisit choisit amis on on ne pas sa

**18.** saints ses affaire Dieu il à avoir vaut qu' à mieux

**19.** mauvais procès que bon accommodement mieux vaut

**20.** le chat dansent pas quand n'est là les souris

## Solutions

### Série 1

1. Au mois d'avril, ne quitte pas un fil ; au mois de mai, fais comme il te plaît.

2. Cordonnier est toujours le plus mal chaussé.

3. Les conseilleurs ne sont pas les payeurs.

4. Charité bien ordonnée commence par soi-même.

5. L'habit ne fait pas le moine.

6. Il ne faut pas courir deux lièvres à la fois.

7. Chien qui aboie ne mord pas.

8. Qui veut tuer son chien l'accuse de la rage.

9. Chat échaudé craint l'eau froide.

10. Rien ne sert de courir, il faut partir à point. (Jean de La Fontaine, *Le lièvre et la tortue*).

### Série 2

11. L'argent n'a pas d'odeur.

12. Tout vient à point à qui sait attendre. (Clément Marot).

13. L'argent est un bon serviteur, mais c'est un mauvais maître.

14. Il ne faut pas se fier aux apparences.

15. Il vaut mieux faire envie que pitié.

16. Quand on n'a pas ce que l'on aime, il faut aimer ce que l'on a.

17. On choisit ses amis, on ne choisit pas sa famille.

18. Il vaut mieux avoir affaire à Dieu qu'à ses saints.

19. Mauvais accommodement vaut mieux que bon procès.

20. Quand le chat n'est pas là, les souris dansent.

## Dix citations littéraires

1.   l'   anti  -  art   est   un   destin
     Il vous suffit d'une petite manipulation pour retrouver cette
     phrase célèbre d'André Malraux.

2.   animaux  d'  instruire  pour  me  sers  hommes  je  les

3.   pense  plus  trois  des  n'  âne  on  celui  qu'  est
     le   pas
     Pour vous mettre sur la voie : c'est un vers extrait d'une fable
     mettant en scène un meunier, son fils et un âne.

4.   pour  vous  pour  moi  je  verrez  vous  y  marcherai
     Pour vous mettre sur la voie : pensez à une association entre
     un aveugle et un paralytique.

5.   on   croit   si   malheureux   qu'   on   avait   espéré
     ni   qu'   on   n'   est   jamais   si   heureux

6.   dépeuplé  est  tout  être  un  seul  et  manque  vous

7.   je  m'  disent  m'  ou  l'autre  dit  l'un
     ou  se  se  vais  en  vas  je  en  ou

8.   mourir  il  on  jamais  choses  comme  devait
     pour  de  vivre  si  grandes  ne  faut  exécuter

9.   composé  humain  est  le  bonheur  de
     de  tant  qu'  il  en  manque  toujours  pièces

10.  les  monotone  sanglots  des  violons  longs  de
     mon  cœur  bercent  l'automne  d'une  langueur

## Solutions

1. « L'art est un anti-destin. » (André Malraux)

2. « Je me sers d'animaux pour instruire les hommes. » (Jean de La Fontaine)

3. « Le plus âne des trois n'est pas celui qu'on pense. » (Jean de La Fontaine, *Le meunier, son fils et l'âne*)

4. « Je marcherai pour vous, vous y verrez pour moi. » (Florian, *L'aveugle et le paralytique*)

5. « On n'est jamais si malheureux qu'on croit, ni si heureux qu'on avait espéré. » (La Rochefoucauld, *Maximes*)

6. « Un seul être vous manque et tout est dépeuplé. » (Alphonse de Lamartine, *Le Lac*)
   C'est l'un des alexandrins les plus célèbres de la poésie romantique. Vous le connaissiez sans doute déjà par cœur.

7. « Je m'en vais ou je m'en vas. L'un ou l'autre se dit ou se disent. » (Vaugelas, célèbre grammairien du XVII^e siècle, peu avant sa mort)

   Observation de méthode. Il faut penser à rapprocher :
   – les deux « je » de « vais » ou »vas » (première personne),
   – « l'un ou l'autre » de « se dit ou se disent » (troisième personne).

   Vous retrouvez alors facilement l'ensemble de la phrase.

8. « Pour exécuter de grandes choses, il faut vivre comme si on ne devait jamais mourir. » (Vauvenargues, *Réflexions et maximes*)
   Pour vous mettre sur la voie : il faut penser à mettre en opposition les verbes « vivre » et « mourir ».

9. « Le bonheur humain est composé de tant de pièces qu'il en manque toujours. » (Bossuet)

10. « Les sanglots longs
    Des violons
    De l'automne
    Bercent mon cœur
    D'une langueur
    Monotone »
    (Paul Verlaine)

## Dix citations historiques

1.  à  droite  à  gauche  gardez-vous  gardez-vous  père  père

2.  la  guerre  est  le  nerf  de  l'argent

3.  moine  a  tué  le  méchant  il  m'  ah
    Pour vous mettre sur la voie : pensez à la mort d'Henri III.

4.  le  dimanche  au  pot  de  laboureur  que  chaque  mon  royaume  je  veux  mettre  puisse  la  poule

5.  mamelles  de  pâturage  et  labourage  la  France  les  deux  sont

6.  audace  audace  audace  il  faut  encore  nous  l'  et  toujours  de  de  de  l'  et  sauvée  l'  est  la  France  Messieurs

7.  peuple  d'  un  besoin  le  premier  est  après  l'éducation  le  pain

8.  pouvoir  d'  en  bas  venir  d'  en
    haut  doit  la  confiance  et  le
    Pour vous mettre sur la voie : penser à la rédaction de notre première constitution.

9.  de  la  patrie  la  gloire  et  la  liberté  avec  le  nom  le  monde  du  tour  a  fait  le  tricolore  drapeau

10. la  guerre  n'  a  pas  la  France  mais
    perdu  a  perdu  une  bataille  la  France

## Solutions

1.  « Père, gardez-vous à droite ; père, gardez-vous à gauche. » (Philippe le Hardi à son père Jean le Bon, à la bataille de Poitiers en 1356)

2.  « L'argent est le nerf de la guerre. »
    Il suffisait d'inverser la formule pour retrouver la phrase de Catherine de Médicis.

3.  « Ah, le méchant moine, il m'a tué. »
    Henri III, assassiné par le moine Jacques Clément à Saint-Cloud (1589).

4.  « Je veux que chaque laboureur de mon royaume puisse mettre la poule au pot le dimanche. » (Henri IV)

5.  « Labourage et pâturage sont les deux mamelles de la France. » (Sully, principal ministre d'Henri IV)

6.  Grâce à la répétition du mot « audace », vous deviez penser à Georges-Jacques Danton : célèbre discours du 2 septembre 1792 à l'Assemblée législative, avant la victoire de Valmy.
    « Messieurs, il nous faut de l'audace, encore de l'audace, et toujours de l'audace, et la France est sauvée. »

7.  « Après le pain, l'éducation est le premier besoin d'un peuple. » (Georges-Jacques Danton)

8.  « La confiance doit venir d'en bas et le pouvoir d'en haut. » (Sieyès, au moment de la préparation de la constitution)

9.  « Le drapeau tricolore a fait le tour du monde avec le nom, la gloire et la liberté de la patrie. » (Alphonse de Lamartine en 1848)
    Le jury serait sans doute indulgent pour l'ordre des mots « nom », « gloire », et « liberté ».

10. « La France a perdu une bataille, mais la France n'a pas perdu la guerre. » (Charles de Gaulle en 1940)

## Dix citations humoristiques

1.　moins　on　l'　étale　la　culture　plus
　　on　en　a　comme　c'est　la　confiture

2.　l'argent　est　satisfait　moins　on　plus　on
　　en　a　le　contraire　est　tout　de　l'esprit
　　Pour vous mettre sur la voie : c'est une subtile opposition entre l'esprit et l'argent.

3.　quarante　ne　le　gardent　et　qui　avons
　　nous　là　défendent　le　pas　oies　Capitole
　　Pour vous aider : c'est une métaphore historique manifeste-
　　ment acerbe de Diderot à l'encontre de l'Académie française.

4.　les　girouettes　elles　se　rouillent　quand
　　femmes　ressemblent　elles　se　fixent　aux

5.　buvant　l'appétit　en　mangeant　la　soif　en　vient
　　s'en　va

6.　temps　impossible　vous　il　dire　tout　le　change
　　de　mon　âge

7.　vos　amis　comptez　vous　voulez　?　argent
　　de　l'　empruntez　leur　!　-　-

8.　plaisir　si　toujours　pas　arrivent　quand　c'est　les
　　font　ce　est　ils　ils　quand　n'　amis　partent

9.　escalier　l'　est　un　lieu　qui　en　les　gens　retard
　　dans　croisent　en　avance　ceux　qui　administration
　　l'　où　arrivent　partent

10.　les　hauts　livres　les　fonctionnaires　placés　comme
　　d'　une　bibliothèque　sont　qui　le　moins　servent
　　les　plus　ceux　sont

## Solutions

1. « La culture, c'est comme la confiture : moins on en a, plus on l'étale. »

2. « L'esprit est tout le contraire de l'argent : moins on en a, plus on est satisfait. » (Voltaire)

3. « Nous avons là quarante oies qui gardent le Capitole et ne le défendent pas. » (Denis Diderot)

4. « Les femmes ressemblent aux girouettes : elles se fixent quand elles se rouillent. » (Voltaire)

   Nous laissons évidemment à notre grand écrivain la responsabilité de ce propos antiféministe.

5. « L'appétit vient en mangeant, la soif s'en va en buvant. » (Rabelais, *Gargantua*)

6. « Impossible de vous dire mon âge, il change tout le temps. » (Alphonse Allais)

7. « Voulez-vous compter vos amis ? Empruntez-leur de l'argent ! » (Alexandre Dumas fils)

8. « Les amis font toujours plaisir. Si ce n'est pas quand ils arrivent, c'est quand ils partent. » (Alphonse Karr)

9. « L'administration est un lieu où les gens qui arrivent en retard croisent dans l'escalier ceux qui en partent en avance. »
   Propos critique désabusé attribué à Courteline et à Georges Clemenceau.

10. « Les fonctionnaires sont comme les livres d'une bibliothèque : les plus haut placés sont ceux qui servent le moins. »
    Citation également attribuée à Georges Clemenceau.

# Tests des dominos et des cartes

## ■ SÉRIES DE DOMINOS

Il s'agit de déduire les valeurs d'un domino, repéré par des points d'interrogation, à partir d'autres dominos. Pour être capable de résoudre les tests utilisant des dominos, il suffit de maîtriser les règles de base.

Le jeu comporte 26 dominos (du double-blanc au double-six). Le nombre de points sur chaque moitié de dominos peut prendre les valeurs comprises entre 0 et 6. Ces valeurs forment une suite de chiffres particulière : 0, 1, 2, 3, 4, 5, 6, 0 (blanc), 1, 2, 3,... Les tests des dominos sont construits sur les mêmes schémas que les séries de chiffres.

*Exemple 1 :* Progression constante

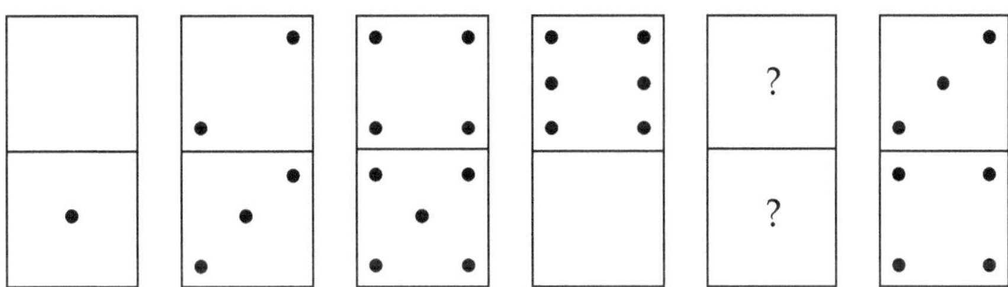

On ajoute 2 à chaque moitié : 6 + 2 → 1 et 0 + 2 → 2 d'où le domino manquant :

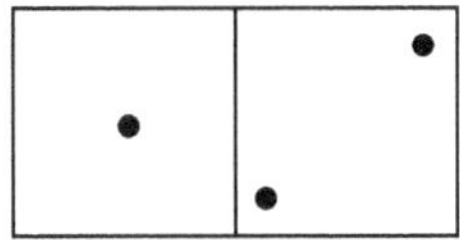

*Exemple 2 :* Progression combinée

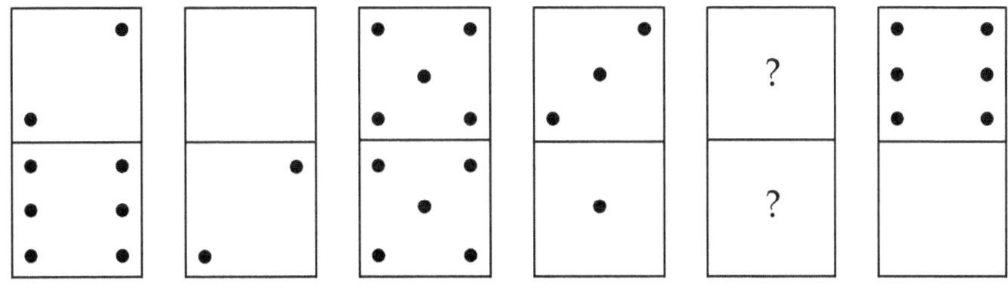

On combine plusieurs progressions. De gauche à droite, les valeurs des moitiés supérieures diminuent de 2, celles des moitiés inférieures augmentent de 3 : 3 - 2 → 1 et 1 + 3 → 4 d'où le domino manquant :

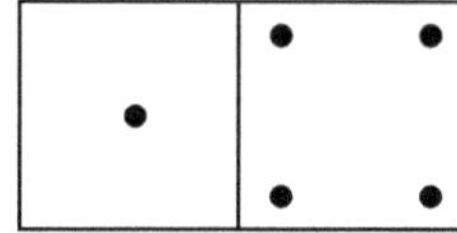

**Exemple 3 :** Progression croisée

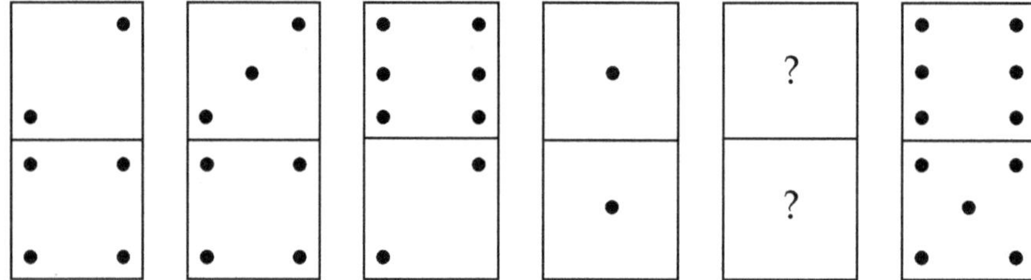

On part de la moitié supérieure du premier domino à laquelle on ajoute 2 pour obtenir la partie inférieure du deuxième domino. On ajoute 2 pour obtenir la partie supérieure du troisième domino...

On retranche 1 à la partie inférieure du premier domino pour obtenir la partie supérieure du deuxième domino. On passe à la partie inférieure du troisième domino en enlevant 1...

1 + 2 → 3 et 1 - 1 → 0 d'où le domino manquant :

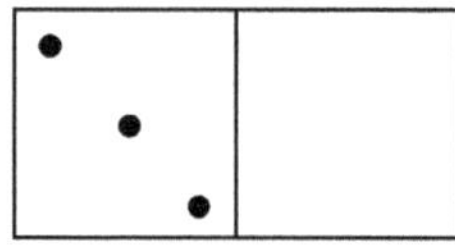

**Exemple 4 :** Symétrie

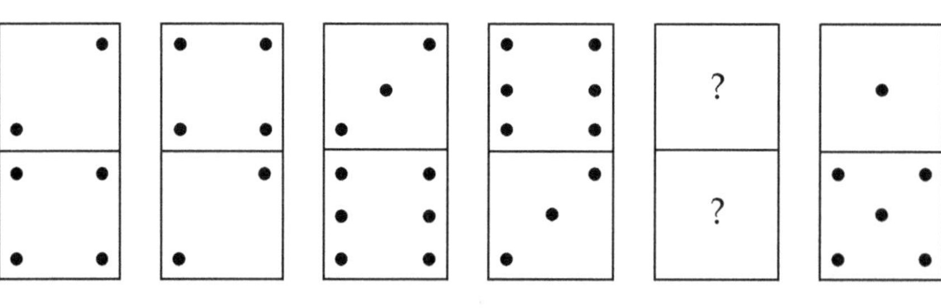

Les dominos sont associés deux à deux. Le deuxième domino correspond au premier domino retourné. Du dernier domino, on déduit le domino manquant : $1/5 \rightarrow 5/1$ d'où

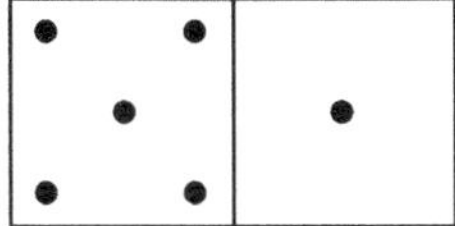

*Exemple 5 :* Addition horizontale

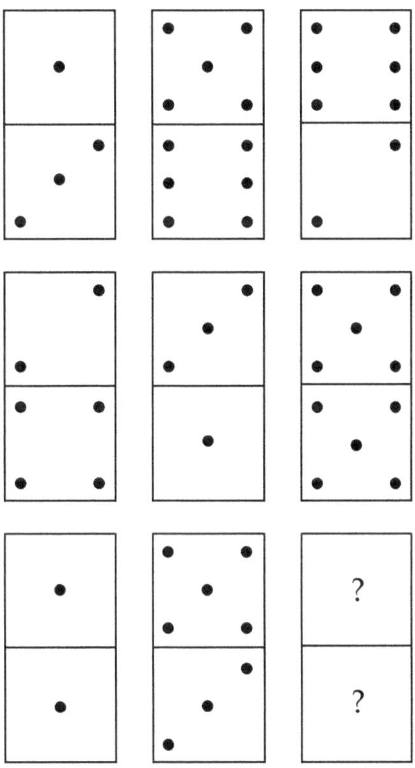

Le troisième domino de chaque ligne est égal à la somme des deux autres dominos de la même ligne : $1 + 5 \rightarrow 6$ et $1 + 3 \rightarrow 4$ d'où

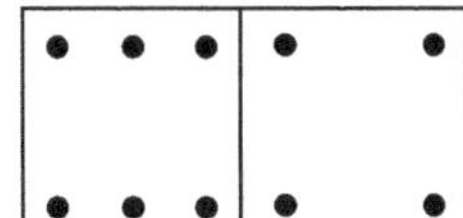

***Exemple 6 :*** Similarité

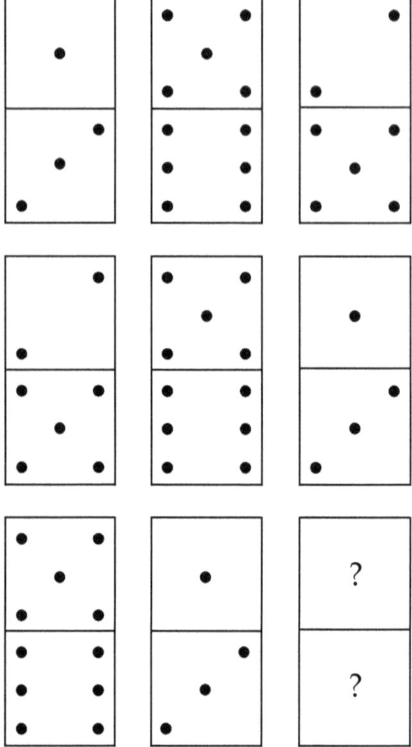

On retrouve les trois mêmes dominos dans chaque ligne, rangés dans un ordre différent. Le seul qui manque à la dernière ligne est :

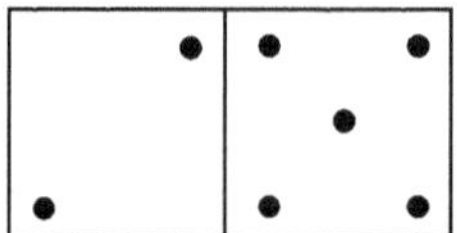

## ■ SÉRIES DE CARTES

Le test des cartes s'apparente au test des dominos. Les exercices sont constitués de suites de cartes. Le candidat doit découvrir une carte manquante. Celle-ci se déduit de l'organisation des autres cartes. Le test des cartes est légèrement plus difficile que le test des dominos car il faut déterminer la couleur (cœur, carreau, pique, ou trèfle) et la valeur de la carte manquante. Les valeurs sont comprises entre 1 (as) et 10 ; les figures (valet, dame, roi et joker) ne sont pas utilisées.

## Exemple 1

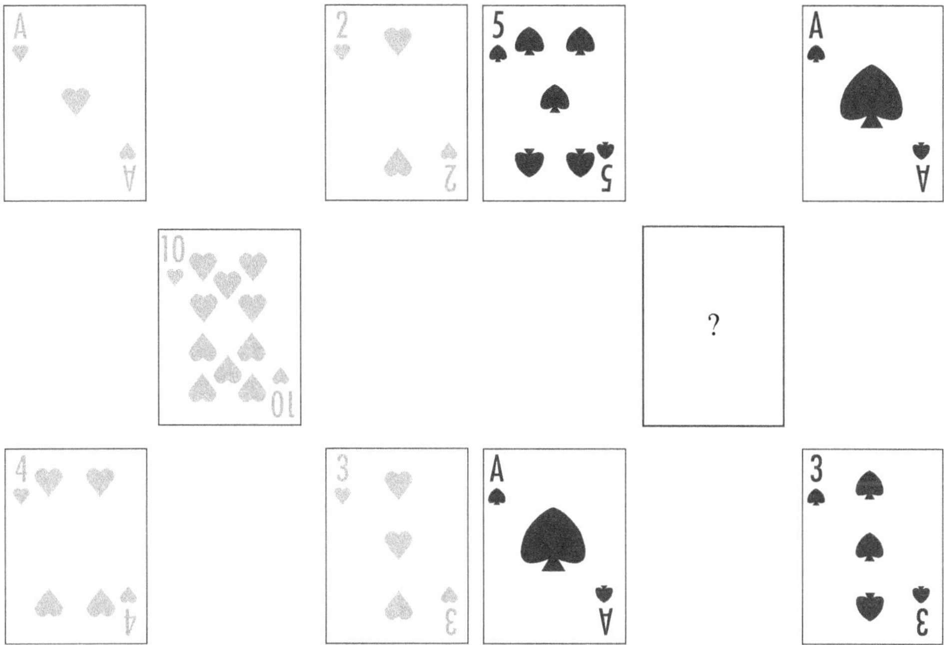

Les cinq cartes de gauche sont de même couleur. Idem pour les cinq cartes de droite.

La valeur de la carte centrale est égale à la somme des valeurs des quatre cartes qui l'entourent.

La carte recherchée est donc :

## *Exemple 2*

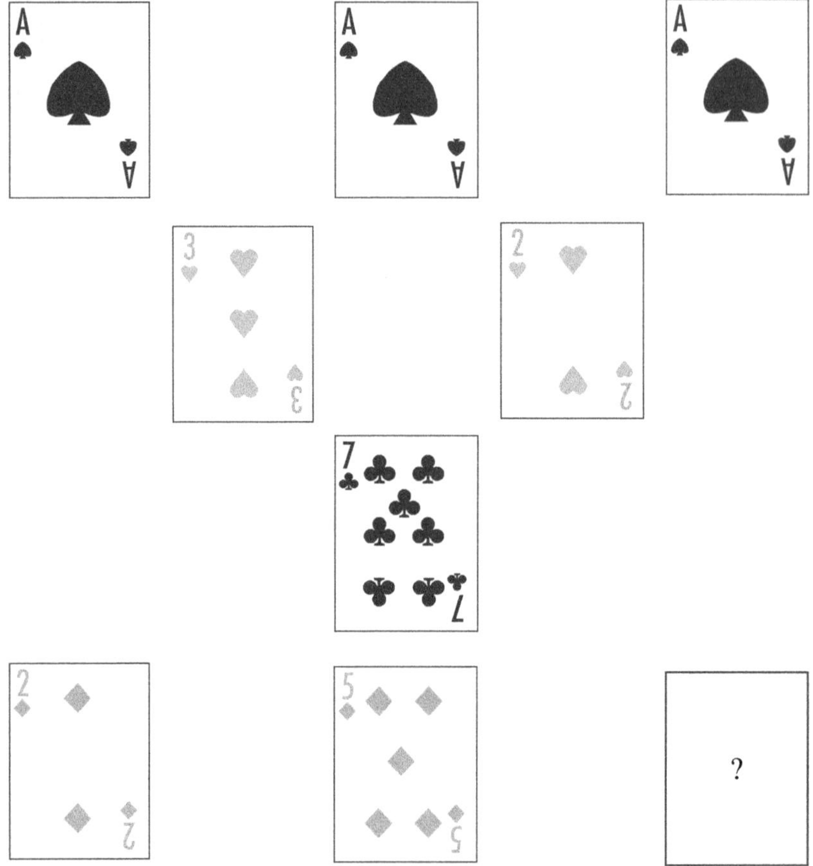

Sur chaque ligne, les cartes sont de même couleur.
La somme des valeurs de chaque ligne augmente de 2 à chaque fois :

- 3 pour la première ligne,
- 5 pour la deuxième ligne,
- 7 pour la troisième ligne,
- 9 pour la quatrième ligne.

La carte manquante est donc :

### Exemple 3

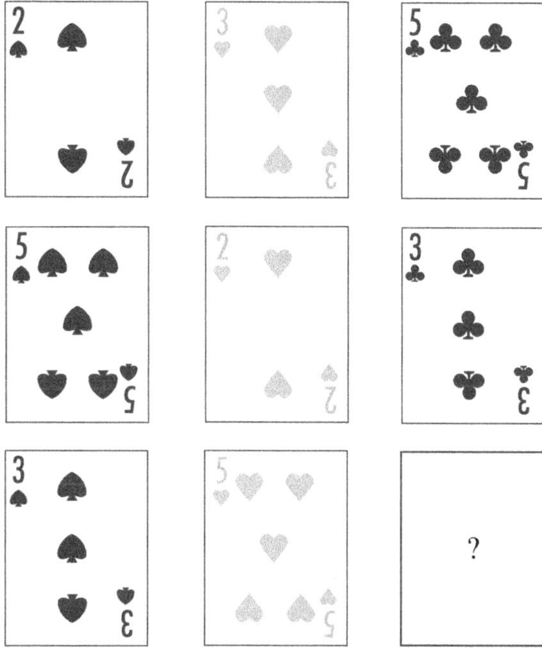

Toutes les cartes d'une colonne ont même couleur.

Sur chaque ligne, on retrouve les mêmes valeurs (2, 3 et 5) dans des ordres différents.

La carte manquante est donc :

### *Exemple 4*

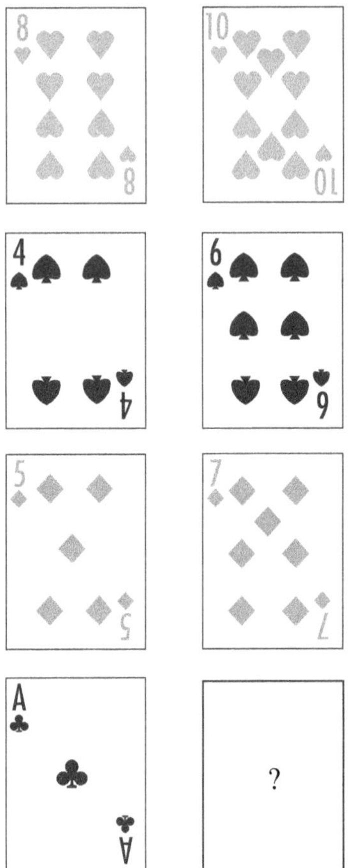

Toutes les cartes d'une ligne ont même couleur.
Sur chaque ligne, la valeur de la deuxième carte s'obtient en ajoutant 2 à la première.

La carte manquante est donc :

## *Exemple 5*

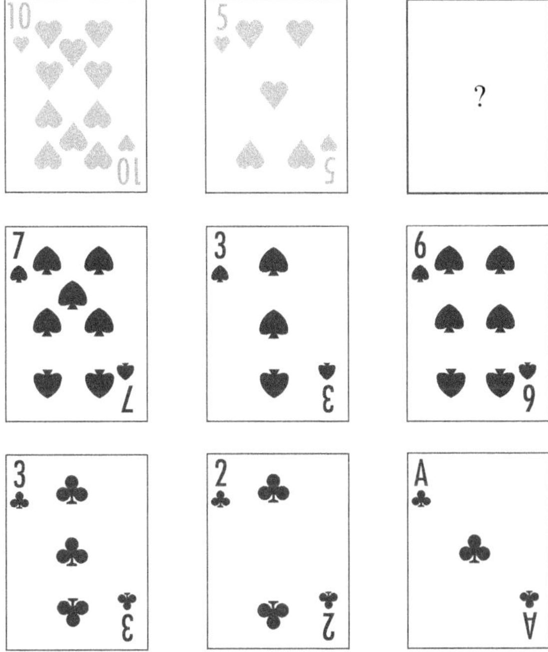

Les lignes sont formées de cartes de même couleur.
Dans chaque colonne, la valeur de la première carte est égale
à la somme des valeurs des deux autres cartes.

La carte manquante est donc :

## *Exemple 6*

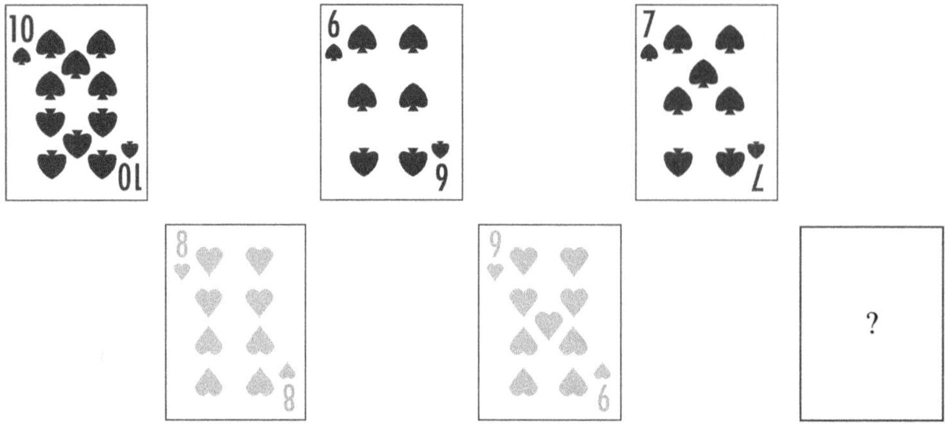

Les cartes d'une ligne sont de même couleur.
Les cartes sont regroupées par trois : leurs valeurs diminuent
de deux points à chaque fois (10, 8, 6 et 9, 7, 5).
La carte manquante est donc :

## *Exemple 7*

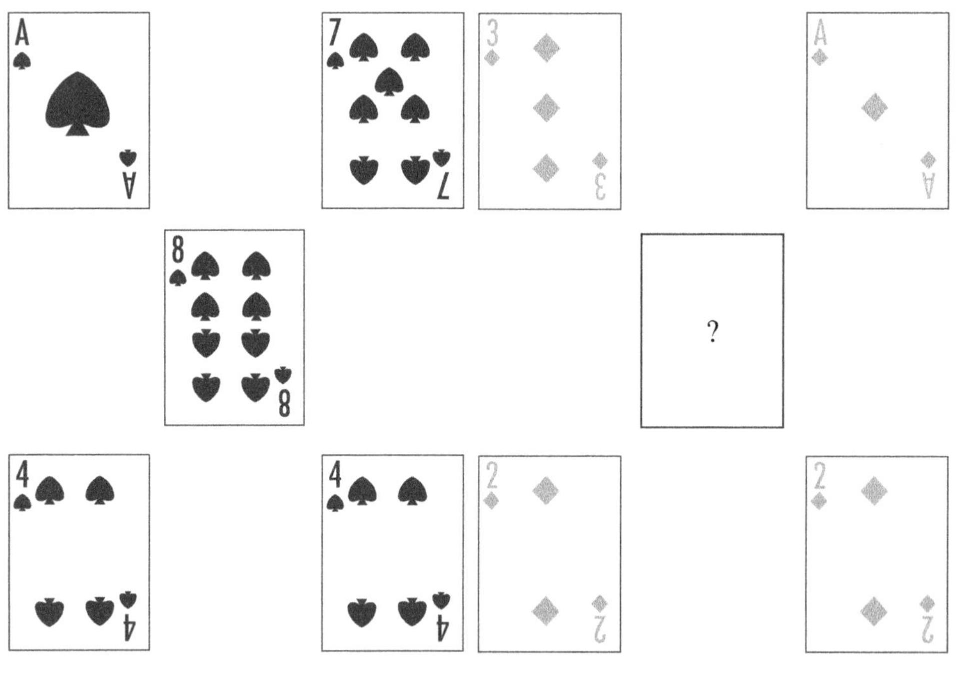

On distingue deux groupes de cinq cartes. Dans chaque groupe, les cartes sont de même couleur. La valeur de la carte centrale est égale à la somme des valeurs des cartes du dessus et à la somme des valeurs des cartes du dessous.

La carte manquante est donc :

*Exemple 8*

Les cartes sont de même couleur dans chaque ligne.
Les valeurs 3 et 5 sont présentes dans chaque ligne.

La carte manquante est donc :

## *Exemple 9*

Les quatre couleurs sont représentées dans chaque ligne.
La somme des valeurs des trois premières cartes est égale à la valeur de la quatrième carte.

La carte manquante est donc :

## Exemple 10

Les cartes d'une ligne sont de même couleur, et à chaque ligne, la valeur de la deuxième carte est égale à la moitié de la valeur de la première carte.

La carte manquante est donc :

# Tests de mathématiques

Les exercices sont simples et font appel à des connaissances de base. Il n'est pas nécessaire d'être un expert mathématicien pour résoudre les problèmes posés. Le plus souvent, les énoncés s'inspirent de la vie courante et n'exigent de votre part qu'un minimum de logique.

Il vous faut avant tout parfaitement maîtriser les quatre opérations (addition, soustraction, multiplication et division), les tables de multiplication, les puissances, les racines carrées, les fractions et les pourcentages. Il est également indispensable de connaître les unités de mesure (de temps, de longueur, de poids...) et quelques formules pratiques (relatives aux volumes, aires, périmètres, vitesses...).

## Ce qu'il faut savoir sur les quatre opérations :

| | |
|---|---|
| L'addition est commutative<br>$a + b = b + a$ | La multiplication est commutative<br>$a \times b = b \times a$ |
| L'addition est associative<br>$(a + b) + c = a + (b + c)$ | La multiplication est associative<br>$(a \times b) \times c = a \times (b \times c)$ |
| 0 est élément neutre<br>pour l'addition<br>$0 + a = a + 0 = a$ | 1 est élément neutre pour<br>la multiplication<br>$1 \times a = a \times 1 = a$ |
| La multiplication est distributive par rapport à l'addition<br>$a \times (b + c) = (a \times b) + (a \times c)$ | |
| La multiplication est prioritaire par rapport à l'addition | |
| L'opposé de a est le nombre<br>-a tel que<br>$a + (-a) = (-a) + a = 0$ | Pour $a \neq 0$, l'inverse de a<br>est le nombre $1/a$<br>tel que $a \times (1/a) = (1/a) \times a = 1$ |
| Soustraire revient<br>à ajouter l'opposé | Diviser revient à multiplier<br>par l'inverse |

## Ce qu'il faut savoir sur les fractions :

Le résultat de la fraction $\dfrac{a}{b}$ s'obtient en divisant le numérateur **a** par le dénominateur **b**.

Égalité de deux fractions : $\dfrac{a}{b} = \dfrac{c}{d}$ équivaut à $a \times d = b \times c$

Produit de deux fractions : $\dfrac{a}{b} \times \dfrac{c}{d} = \dfrac{a \times c}{b \times d}$

Division de deux fractions : $\dfrac{a}{b} : \dfrac{d}{c} = \dfrac{\frac{a}{b}}{\frac{c}{d}} = \dfrac{a}{b} \times \dfrac{c}{d} = \dfrac{a \times d}{b \times c}$

Pour additionner ou soustraire deux fractions, il faut les ramener au même dénominateur : $\dfrac{a}{b} + \dfrac{c}{d} = \dfrac{a \times d + c \times b}{b \times d}$

Si l'on multiplie (ou divise) le numérateur et le dénominateur par un même nombre non nul, le résultat de la fraction ne change pas :

$$\dfrac{a}{b} = \dfrac{a \times c}{b \times c} = \dfrac{a : d}{b : d}$$

## Ce qu'il faut savoir sur les pourcentages :

**x** % se lit « x pour cent » et vaut : $\dfrac{x}{100}$

**a** vaut **x** % de **b** si : a = b * x %
Si un nombre **a** augmente de **x** % alors le résultat est :     a + a * x %
Si un nombre **a** baisse de **x** % alors le résultat est :     a - a * x %
Si un nombre **a** augmente et prend la valeur **b** alors le taux de croissance est :

$$x\ \% = \dfrac{b - a}{a}$$

## Ce qu'il faut savoir sur les racines et les puissances :

La racine carrée d'un nombre positif **a** est le nombre positif qui multiplié par lui-même donne **a**. Exemple : 2 est la racine de 4 : $2 \times 2 = 4$.

Une puissance de **a** est un nombre égal au produit de a par lui-même plusieurs fois :

a à la puissance 2 = $a \times a$
a à la puissance 3 = $a \times a \times a$
a à la puissance m = $a \times a \times ... \times a$ (m fois)
**a** à la puissance **m** se note : $a^m$
$a^b \times a^c = a^{b+c}$
$(a \times b)^m = a^m \times b^m$
$(a : b)^m = a^m : b^m$
$(a^n)^m = a^{n*m}$

Le plus grand nombre pouvant être formé avec deux fois le chiffre 2 est 22. Avec trois fois le chiffre 2, c'est $2^{22}$ = 4 194 304.

Avec deux fois le chiffre 3, c'est $3^3$ = 81. Avec trois fois le chiffre 3, c'est $3^{33}$ (... c'est un nombre de 15 chiffres).

Avec trois fois le chiffre 9, ce serait $9^{99}$, soit un nombre comportant plus de 369 millions de chiffres... Rassurez-vous : on ne vous demandera pas d'opérations ou de chiffres ne pouvant être calculés que par des ordinateurs.

### Ce qu'il faut savoir sur les unités de mesure :

Les unités de mesure utilisent les multiples et les sous-multiples de 10.

Les multiples de 10 sont dans l'ordre croissant :

| | | |
|---|---|---|
| $-\,10^1$ = 10 | déca | (da) |
| $-\,10^2$ = 100 | hecto | (h) |
| $-\,10^3$ = 1 000 | kilo | (k) |
| $-\,10^6$ = 1 000 000 | méga | (M) |
| $-\,10^9$ = 1 000 000 000 | giga | (G) |
| $-\,10^{12}$ = 1 000 000 000 000 | téra | (T) |
| $-\,10^{15}$ = 1 000 000 000 000 000 | peta | (P) |
| $-\,10^{18}$ = 1 000 000 000 000 000 000 | exa | (E) |

Les sous-multiples sont dans l'ordre décroissant :

| | | |
|---|---|---|
| $-\,10^{-1}$ = 0,1 | déci | (d) |
| $-\,10^{-2}$ = 0,01 | centi | (c ) |
| $-\,10^{-3}$ = 0,001 | milli | (m) |
| $-\,10^{-6}$ = 0,000 001 | micro | (µ) |
| | ($\mu$ est une lettre grecque qui | |
| | se prononce mu) | |
| $-\,10^{-9}$ = 0,000 000 001 | nano | (n) |
| $-\,10^{-12}$ = 0,000 000 000 001 | pico | (p) |
| $-\,10^{-15}$ = 0,000 000 000 000 001 | femto | (f) |
| $-\,10^{-18}$ = 0,000 000 000 000 000 001 | atto | (a) |

Les principales unités sont les unités géométriques, les unités de masse, les unités de temps et les unités mécaniques.

### Unités géométriques

L'unité de base dans le système international est le **mètre** (m).

- Longueur :

| Abréviation | Libellé | Valeur |
|---|---|---|
| km | kilomètre | 1 000 m |
| hm | hectomètre | 100 m |
| dam | décamètre | 10 m |
| m | mètre | 1 m |
| dm | décimètre | 0,1 m |
| cm | centimètre | 0,01 m |
| mm | millimètre | 0,001 m |

Il faut également savoir que 1 mille marin ou mille nautique vaut 1 852 mètres. (Le *mile* anglais vaut 1 609 mètres).

- Aire : les superficies sont officiellement mesurées en mètre carré ($m^2$). Toutefois, l'are (1 a = 100 $m^2$) et l'hectare (1 ha = 10 000 $m^2$) sont également couramment utilisés.
- Volume : les volumes sont officiellement mesurés en mètre cube ($m^3$). Cependant, en pratique, le litre (1 l = 0,001 $m^3$ = 1 $dm^3$) est utilisé.

### Unités de masse

L'unité de base dans le système international est le **kilogramme** (kg).

- Masse :

| Abréviation | Libellé | Valeur |
|---|---|---|
| kg | kilogramme | 1 000 g |
| hg | hectogramme | 100 g |
| dag | décagramme | 10 g |
| g | gramme | 1 g |
| dg | décigramme | 0,1 g |
| cg | centigramme | 0,01 g |
| mg | milligramme | 0,001 g |

Sont également utilisés la tonne (1t = 1 000 kg) et le quintal (1q = 100 kg). Sachez également que : 1 livre ≈ 500 g en France.

- Masse volumique : les masses volumiques s'expriment en kilo-gramme par mètre cube ($kg/m^3$).

### Unités de temps

L'unité de base dans le système international est la **seconde** (s).

| Abréviation | Libellé | Valeur |
|:---:|:---:|:---:|
| s | seconde | 1 s |
| mn | minute | 60 s |
| h | heure | 3 600 s |
| j | jour | 86 400 s |

Les autres règles de conversion à connaître sont :

$$1\ h = 60\ mn$$
$$1\ j = 24\ h$$
$$1\ an = 365\ j\ (366\ \text{pour les années bissextiles}).$$

### Unités mécaniques

- Vitesse : l'unité de mesure est le mètre par seconde (m/s) ou le kilomètre heure (km/h).

Retenez que la vitesse de propagation de la lumière dans le vide est égale à 300 000 km/s. Cette grandeur est souvent utilisée dans les exercices.

- Accélération : l'unité de mesure est le mètre par seconde carrée ($m/s^2$).

Vous devez maîtriser quelques formules simples.

### Périmètre

Le périmètre d'un cercle de rayon R est égal à $2 \times \Pi \times R$.
Le périmètre d'un carré de côté c est égal à $4 \times c$.
Le périmètre d'un rectangle de longueur L et de largeur l est égal à $(L + l) \times 2$.

### Aire

L'aire d'un cercle de rayon R est égale à $\Pi \times R^2$.
L'aire d'un rectangle de longueur L et de largeur l est égale à $L \times l$.
L'aire d'un triangle de base b et de hauteur h est égale à $(b \times h)/2$.
L'aire d'une sphère de rayon R est égale à $4 \times \Pi \times R^2$.

### Volume

Le volume d'un cube d'arête c est égal à $c^3$.
Le volume d'une sphère de rayon R est égal à $4/3 \times \Pi \times R^3$.

### Vitesse

Une distance de x kilomètres parcourue en y heures l'est à la vitesse de $(x/y)$ km/h.

### Débit

Un robinet d'où s'écoule x litres en y secondes a un débit égal à $(x/y)$ l/s.

### Échelle

L'échelle sur un plan ou une carte est le coefficient par lequel il faut multiplier les mesures sur le terrain pour obtenir les longueurs sur le plan.

Les exercices qui suivent vont vous permettre d'appliquer vos connaissances. Les réponses sont proposées à la fin.

## Exemples

**1)** Par quel nombre faut-il multiplier 6 pour obtenir 54 ?

**2)** Réalisez cette égalité en ajoutant sur la ligne de chiffres les signes +, - et × :

1   2   3   4   5   6   7   8   9   =   12

**3)** Trouvez le total 6 en utilisant uniquement des chiffres pairs et une seule fois chaque signe +, - et ×.

**4)** Trouvez le total 0 en plaçant sur cette ligne des chiffres impairs :

$$? \ + \ ? \ - \ ? \ \times \ ? \ - \ ? \ = \ 0$$

**5)** Quel est le résultat de l'opération suivante ?

$$2 \ \times \ 4 \ \times \ 5 \ \times \ 50 \ \times \ 20 \ \times \ 25 \ = \ ?$$

**6)** Vous avez oublié le code d'entrée de votre immeuble. Le code est constitué de trois chiffres, chaque chiffre étant compris entre 0 et 9. Combien avez-vous de possibilités ?

A ❏ 3          B ❏ 90
C ❏ 300        D ❏ 1 000

**7)** Quel est le résultat de la fraction ?

$$\frac{18}{35} : \frac{12}{14} = ?$$

A ❏ $\dfrac{3}{5}$

B ❏ $\dfrac{5}{3}$

C ❏ $\dfrac{2}{7}$

D ❏ $\dfrac{7}{2}$

**8)** Martine dispose de 360 euros. Elle en donne la moitié à son premier fils, puis le quart de ce qui reste à son second fils et enfin le tiers de ce qui reste à son troisième fils. Combien reste-t-il à Martine ?

A ❏ 120 €        B ❏ 90 €
C ❏ 80 €         D ❏ 140 €

**9)** Quelle est la valeur de x ?

$$\frac{3}{x} = \frac{8}{5}$$

A ❏ $\dfrac{3}{5}$

B ❏ $\dfrac{16}{5}$

C ❏ $\dfrac{15}{8}$

D ❏ $\dfrac{3}{17}$

**10)** Soit une carte faite à l'échelle $\dfrac{1}{1\,000}$.

Combien représentent en réalité 2 cm mesurés sur la carte ?

A ❑ 200 m      B ❑ 0,2 m
C ❑ 2 m      D ❑ 20 m

**11)** Un vendeur fait une réduction de 5 % sur une voiture de 18 000 euros. Quel est le nouveau prix ?

A ❑ 17 000 €      B ❑ 17 900 €
C ❑ 17 100 €      D ❑ 16 900 €

**12)** Après une baisse de 20 %, un livre vaut 20 euros. Quel était son prix ?

A ❑ 30 €      B ❑ 29 €
C ❑ 27 €      D ❑ 25 €

**13)** On augmente le prix d'un loyer de 320 euros à 360 euros. Quel est le taux d'augmentation ?

A ❑ 10 %      B ❑ 12,5 %
C ❑ 15 %      D ❑ 17,5 %

**14)** Une augmentation des prix de 100 % correspond :

A ❑ au doublement des prix
B ❑ à une augmentation de moitié
C ❑ à une multiplication des prix par 100 %

**15)** En 1997, M. Dupont a placé 1 200 euros pendant 20 jours à un taux d'intérêt annuel de 3 %, et 1 500 euros pendant 30 jours à un taux d'intérêt annuel de 8 %. Combien a-t-il gagné sur l'année avec ces deux opérations ? (On considère qu'une année = 360 jours).

A ❑ 12 €      B ❑ 24 €
C ❑ 10 €      D ❑ 15 €

**16)** Un train parcourt 300 km en 2 h 30. Quelle est sa vitesse ?

A ❑ 100 km/h      B ❑ 120 km/h
C ❑ 140 km/h      D ❑ 160 km/h

**17)** Un sportif fait quatre fois le tour d'un parc rectangulaire de longueur 300 m et de largeur 120 m. Quelle est la distance parcourue ?

  A ❑ 3,42 km  B ❑ 3 km
  C ❑ 3,36 km  D ❑ 4 km

**18)** Deux trains partent en même temps de deux villes distantes de 500 km. L'un des trains va à une vitesse de 100 km/h et l'autre à 150 km/h. Sachant que l'heure de départ est 14 h 45, à quelle heure les deux trains vont-ils se croiser ?

  A ❑ 16 h 30  B ❑ 16 h 50
  C ❑ 16 h 45  D ❑ 17 h

**19)** Quel est le débit d'un robinet qui remplit le tiers d'un seau de 15 litres en 30 minutes ?

  A ❑ 20 l/h  B ❑ 10 l/h
  C ❑ 15 l/h  D ❑ 12 l/h

**20)** La masse volumique du diamant est 3,5 g/cm$^3$. Quel est le volume de 7 tonnes de diamant ?

  A ❑ 3 m$^3$  B ❑ 3,5 m$^3$
  C ❑ 2 m$^3$  D ❑ 4 m$^3$

## Réponses

**1.** (9)

$9 \times 6 = 54$. Cet exemple est trivial. Toutefois, il vous faut connaître parfaitement l'ensemble des tables de multiplication de 0 à 13.

**2.** $1 - 2 \times 3 \times 4 - 5 \times 6 + 7 \times 8 + 9 = 12$.

**3.** $8 + 6 - 4 \times 2 = 6$.

**4.** $9 + 7 - 5 \times 3 - 1 = 0$.

**5.** (1 000 000)

La multiplication est commutative : il suffit de modifier l'ordre des nombres pour faire apparaître des calculs plus simples.

$$2 \times 4 \times 5 \times 50 \times 20 \times 25 = (2 \times 50) \times (4 \times 25) \times (5 \times 20)$$
$$= 100 \times 100 \times 100$$
$$= 1\ 000\ 000.$$

**6. D)**

Il y a 10 possibilités pour chaque chiffre et la combinaison des trois chiffres multiplie le nombre de possibilités d'où :
$10 \times 10 \times 10 = 1\ 000$.

Vous trouverez le même total en pensant que les combinaisons de trois chiffres peuvent aller de 000 jusqu'à 999 : c'est donc bien 1 000 au total.

**7. A)**

$$\frac{18}{35} : \frac{12}{14} = \frac{\dfrac{18}{35}}{\dfrac{12}{14}} = \frac{18}{35} \times \frac{14}{12} = \frac{(3 \times 6) \times (2 \times 7)}{(7 \times 5) \times (2 \times 6)} = \frac{3}{5}$$

**8. B)**

| | |
|---|---|
| Le premier fils reçoit 180 € : | $360 : 2 = 180$. |
| Il reste alors 180 € : | $360 - 180 = 180$. |
| Le deuxième fils reçoit 45 € : | $180 : 4 = 45$. |
| Il reste alors 135 € : | $180 - 45 = 135$. |
| Le troisième fils reçoit 45 € : | $135 : 3 = 45$. |
| Il reste à Martine 90 € : | $135 - 45 = 90$. |

**9. C)**

$$\frac{3}{x} = \frac{8}{5} \quad \text{équivaut à } 3 \times 5 = 8 * x \text{ d'où } x = \frac{3 \times 5}{8} = \frac{15}{8}$$

**10. D)**

La règle de conversion est : longueur sur la carte = longueur réelle $\times$ échelle. Donc pour obtenir la grandeur réelle, il faut diviser la grandeur mesurée sur la carte par l'échelle :

$$2 : \frac{1}{1\,000} = 2 \times 1\,000 = 2\,000 \quad \text{et} \quad 2\,000 \text{ cm} = 20 \text{ m.}$$

Si la carte est au $\dfrac{1}{1\,000\,000}$ alors les 2 cm représentent 20 km.

**11. C)**

Le rabais est de 900 euros :

$$18\,000 \times 5\,\% = \frac{18\,000 \times 5}{100} = 900.$$

Le nouveau prix est donc 17 100 euros :
18 000 - 900 = 17 100.

**12. D)**

Soit x le prix avant la réduction : x - 20 % * x = 20
On en déduit que :

$$x = 20 : (1 - 20\,\%)$$
$$= 20 : 80\,\%$$
$$= 20 \times \frac{100}{80}$$
$$= 25$$

**13. B)**

$$\frac{360 - 320}{320} = 0{,}125$$

L'augmentation est donc de 12,5 %.

**14. A)**

Les prix doublent. Soient x un prix avant augmentation et y le prix après augmentation : y = x + x * 100 %.

Or $100\,\% = \dfrac{100}{100} = 1$.

Donc y = x + x = 2 * x.

**15. A)**

Si M. Dupont avait placé ses 1 200 € pendant toute l'année, soit 360 jours, à un taux de 3 %, il aurait gagné 36 € (1 200 × 3 % = 36).
Mais il ne les a placé que pendant 20 jours ; il n'a donc gagné que 2 euros ((36 : 360) × 20 = 2).
Sur le second placement, il a gagné 10 € (1 500 × 8 % = 120 et (120 : 360) × 30 = 10).
En tout, M. Dupont a donc gagné 12 €.

**16. B)**

Il faut d'abord transformer le temps en minutes :
$$2\ \text{h}\ 30 = (2 \times 60) + 30 = 150\ \text{mn}$$
puis en heures :　　　　　$150 : 60 = 2,5\ \text{h}$.
Il suffit ensuite d'appliquer la formule :
vitesse = distance : durée.
Ainsi : 300 : 2,5 = 120

**17. C)**

Le périmètre du parc vaut 840 m : (300 + 120) × 2 = 840.
Le sportif parcourt donc 3,36 km :
840 × 4 = 3 360 et 3 360 m = 3,36 km.

**18. C)**

Soient $d_1$ la distance parcourue par le premier train et $d_2$ la distance parcourue par le deuxième train : $d_1 + d_2 = 500$.
Soit x la durée entre le départ et le moment où les deux trains se croisent :
$d_1 = 150 * x$ et $d_2 = 100 * x$.
Ainsi, 150 * x + 100 * x = 500, d'où x = 500 : 250 = 2.
x = 2 h donc les deux trains se croisent à 16 h 45.

**19. B)**

Le robinet remplit le tiers d'un seau de 15 litres, soit 5 litres (15 : 3 = 5) en 30 minutes, c'est-à-dire une 1/2 heure. Le débit du robinet est donc de 10 l/h (5 : 1/2 = 5 × 2 = 10).

**20. C)**

$1\ \mathrm{g} = 0{,}001\ \mathrm{kg} = 0{,}000\ 001\ \mathrm{t}$
$1\ \mathrm{cm}^3 = 0{,}001\ \mathrm{dm}^3 = 0{,}000\ 001\ \mathrm{m}^3$
Ainsi, $1\ \mathrm{g/cm}^3 = 1\ \mathrm{t/m}^3$.
Donc $3{,}5\ \mathrm{g/cm}^3 = 3{,}5\ \mathrm{t/m}^3$.
Et 7 tonnes de diamant occupent un volume de $2\ \mathrm{m}^3$ $(7 : 3{,}5 = 2)$.

# Tests des figures géométriques

Là encore, l'imagination des jurys est sans bornes théoriques. Mais l'application peut être limitée par les possibilités de réalisation pratique sur papier pour l'organisation des épreuves.

Voici une série d'exemples incluant notamment les cadrans, les horloges, les carrés, les grilles...

### Exemple 1

Complétez la série :

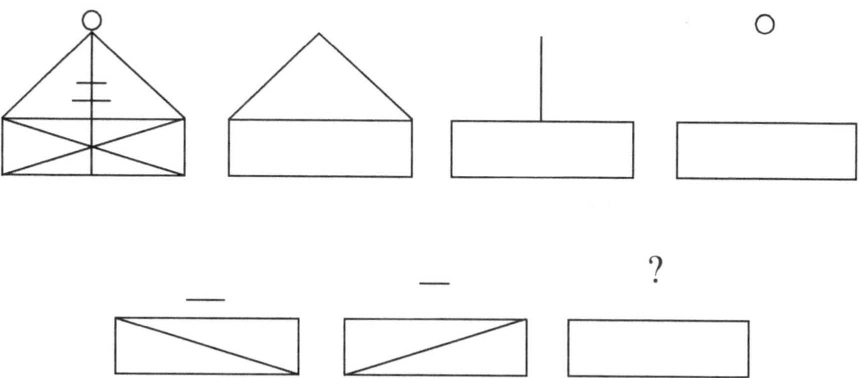

Chaque dessin apporte un ou deux éléments permettant de compléter le premier. Il manque la barre verticale au milieu du rectangle d'où le dernier dessin :

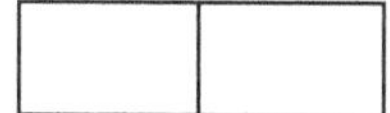

## *Exemple 2*

Déterminez l'horloge manquante :

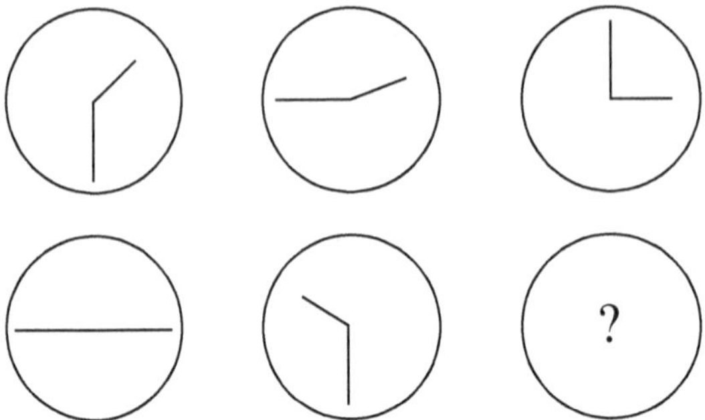

La deuxième ligne suit la même logique que la première ligne. Dans la première ligne, on passe de la première horloge à la deuxième en augmentant de 1 h 15 mn, et de la deuxième horloge à la troisième en progressant d'un quart d'heure. La figure qui complète la deuxième ligne est donc :

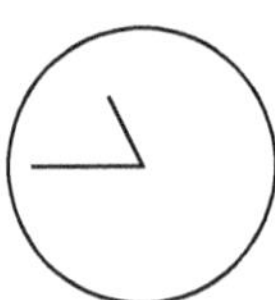

Complétez la deuxième série d'horloges :

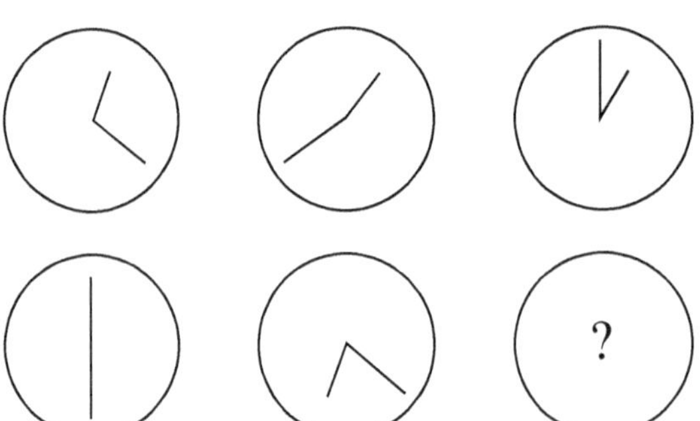

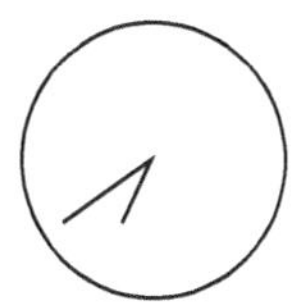

Là encore la deuxième série suit la même logique que la première. On progresse de 20 minutes à chaque fois. La 3$^e$ horloge doit donc indiquer 6 h 40.

## Exemple 3

Complétez le dernier carré avec les trois cases grisées :

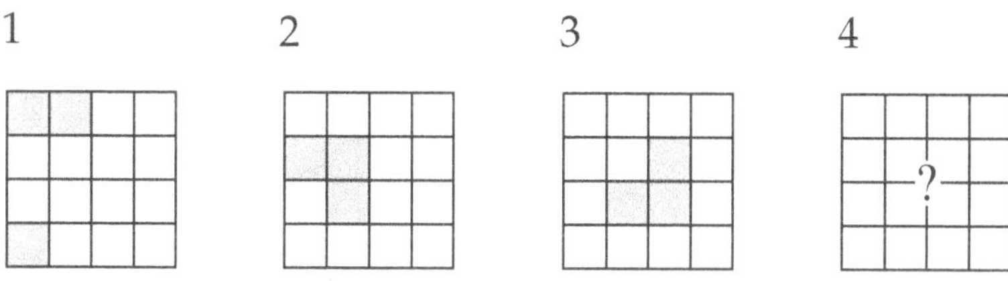

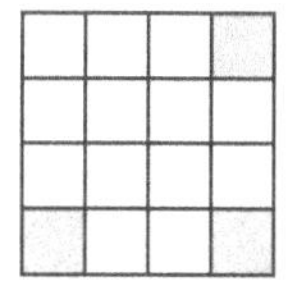

Les deux cases grisées de la première colonne se déplacent en diagonale : celle du haut vers le bas, celle du bas vers le haut. La dernière case grisée se déplace aussi en diagonale, mais en changeant de sens à chaque fois.

## Exemple 4

Trouver parmi les dessins proposés (a, b, c ou d) la figure qui complète cette série :

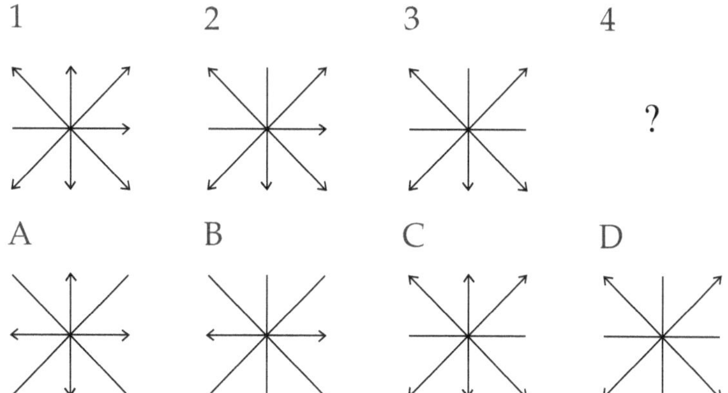

Une flèche disparaît à chaque fois, dans l'ordre des quatre points cardinaux. La solution est donc la figure d.

### Exemple 5

Complétez avec les dessins proposés (a, b ou c) la dernière série :

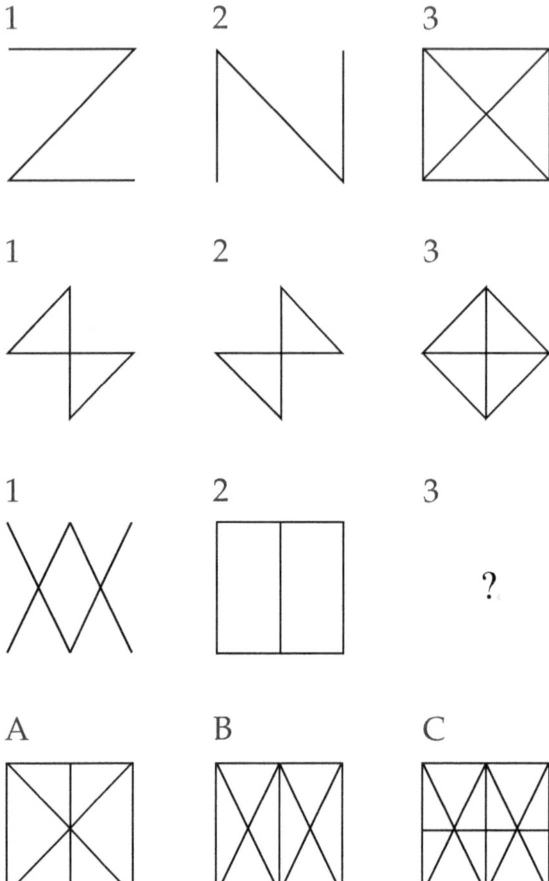

Le dernier dessin est la superposition des deux premiers. La bonne réponse est donc la figure b.

### Exemple 6

Mettez trois cases grisées dans la dernière grille :

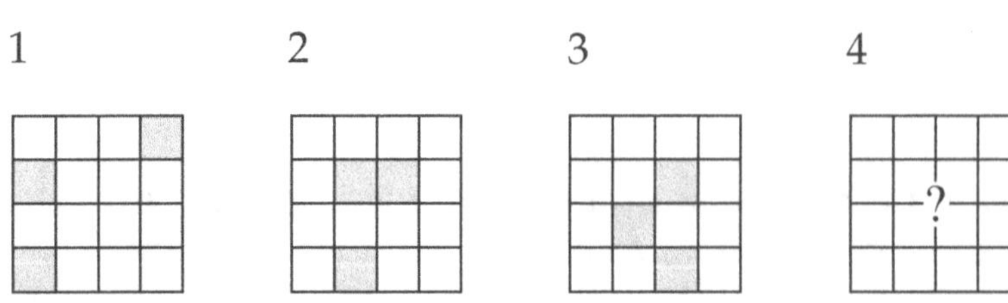

La case du haut à droite se déplace en diagonale vers le bas à gauche. La case de la deuxième ligne se déplace vers la droite. La dernière case également, d'où la bonne réponse :

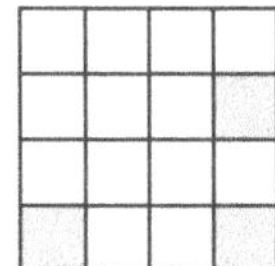

## Exemple 7

Complétez les deux séries à l'aide des dessins proposés (A, B, C ou D) :

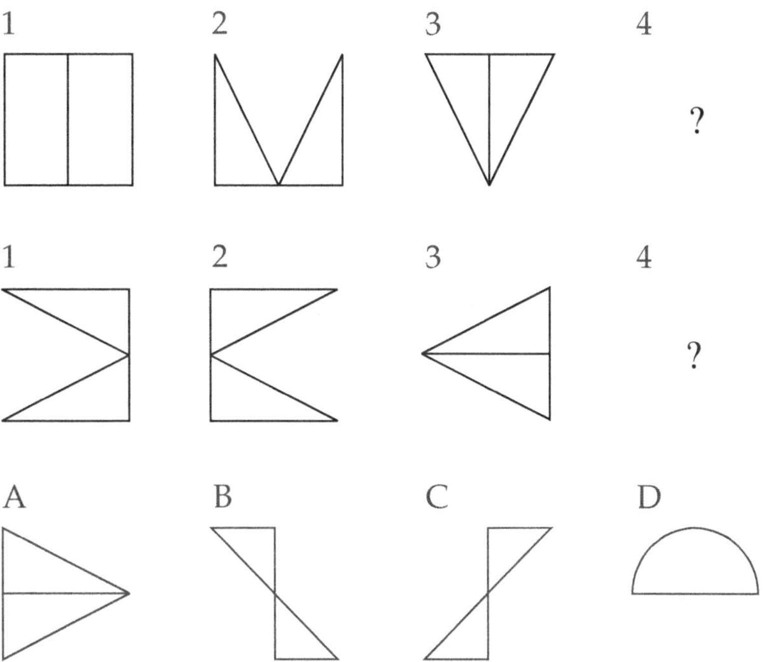

Les figures de la première ligne présentent un axe de symétrie vertical. C'est donc le dessin D qui complète cette série.
Les figures de la deuxième série présentent un axe de symétrie horizontal. Seul le dessin A dispose également de cette propriété géométrique.

## Exemple 8

Comment doit être composé le quatrième carré ?

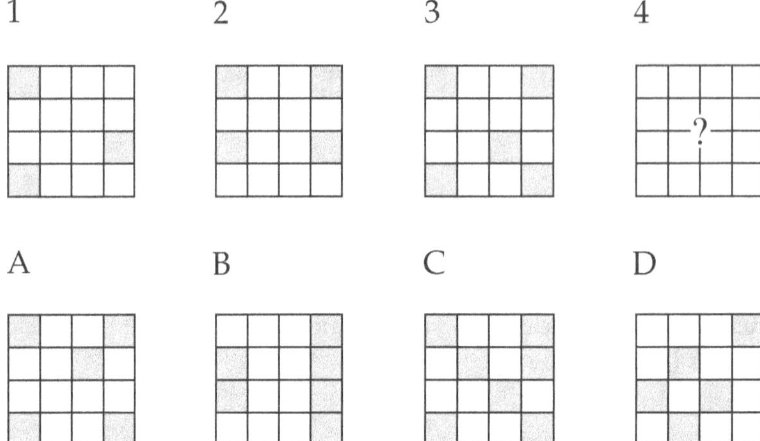

Il faut simplement prendre en compte la progression du nombre de cases grisées : après 3, 4 et 5, il faut en trouver 6. C'est donc le carré B.

## Exemple 9

Pouvez-vous répondre à cette analogie ?

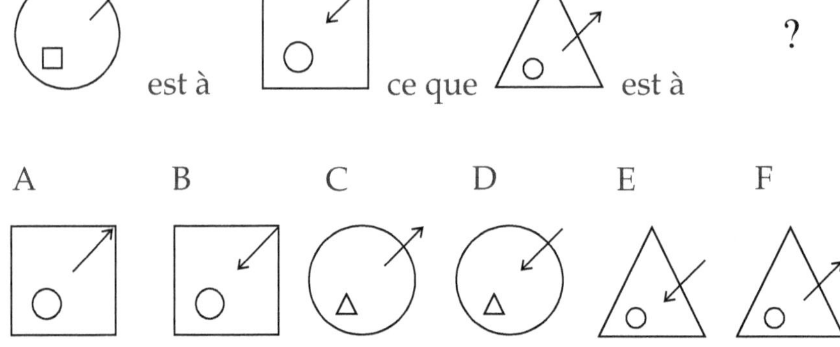

Premier raisonnement : la grande figure devient petite et la petite devient grande.
Deuxième raisonnement : la flèche doit changer de sens.
La bonne réponse est la figure D.

### Exemple 10

Trouvez, parmi les dessins proposés (A, B, C ou D), la quatrième figure :

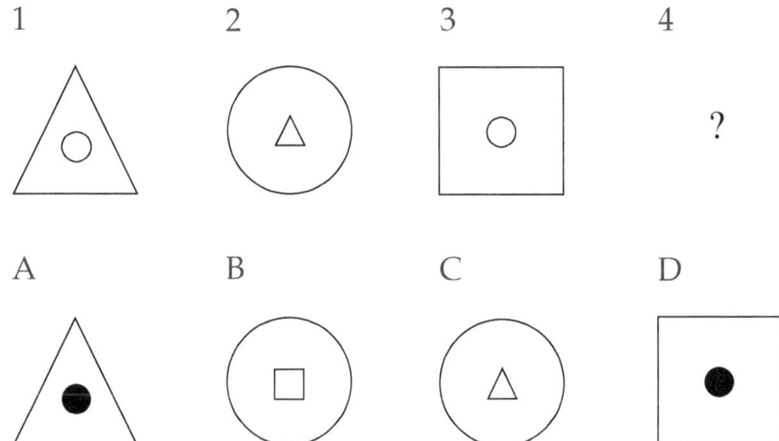

En passant de 1 à 2, le grand triangle devient petit, et le petit cercle devient grand ; en passant de 3 à 4, le grand carré doit devenir petit et le petit cercle doit devenir grand. Le dessin recherché est donc B.

### Exemple 11

Quel dessin devrait compléter cette série ?

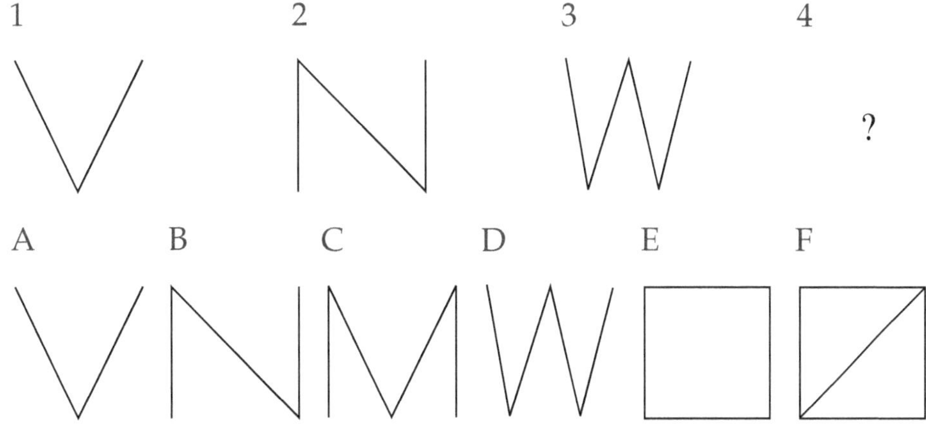

Les figures 1, 2 et 3 ont respectivement deux, trois et quatre segments de droite. Il faut prendre ensuite le dessin F pour en trouver cinq.

### *Exemple 12*

Déterminez les lettres manquantes pour former un mot :

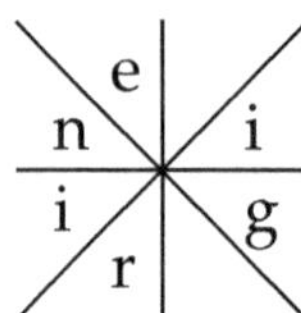

Le mot à trouver est *figurine* : il manque en haut la lettre f, et en bas la lettre u.

### *Exemple 13*

Trouvez le quatrième dessin :

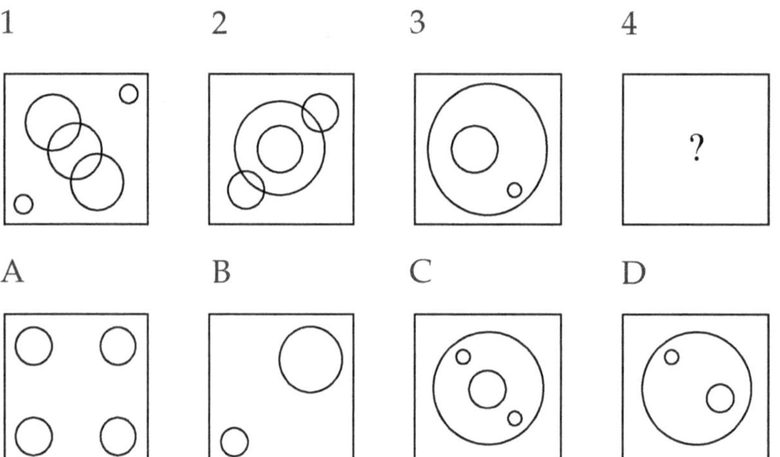

Vous avez cinq, puis quatre et trois cercles. Il faut donc en trouver deux dans le quatrième carré, soit le B.

### Exemple 14

Trouvez le dernier dessin

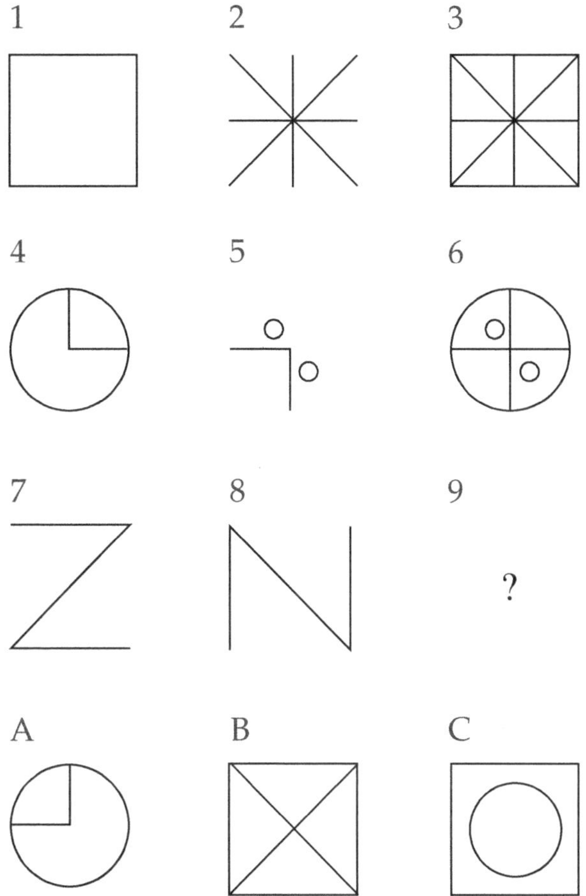

Sur chaque ligne, le dernier dessin est la somme des deux autres, d'où la réponse B.

### Exemple 15

Quelle est la valeur de la tête du troisième chien ?

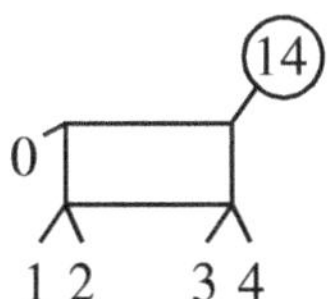
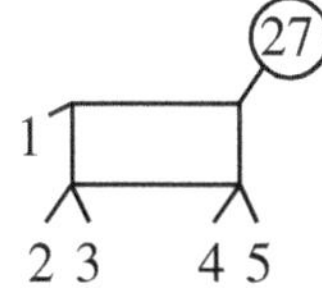
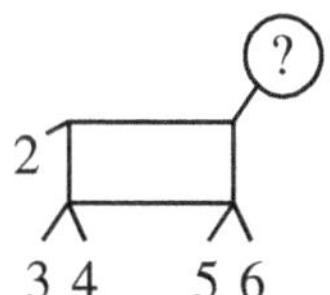

Il faut additionner la queue du chien et les produits des deux groupes de pattes du chien :

$$0 + 1 \times 2 + 3 \times 4 = 14$$
$$1 + 2 \times 3 + 4 \times 5 = 27$$
$$2 + 3 \times 4 + 5 \times 6 = 44.$$

## Exemple 16

Voici une série de trois dessins. Lequel peut logiquement la compléter ?

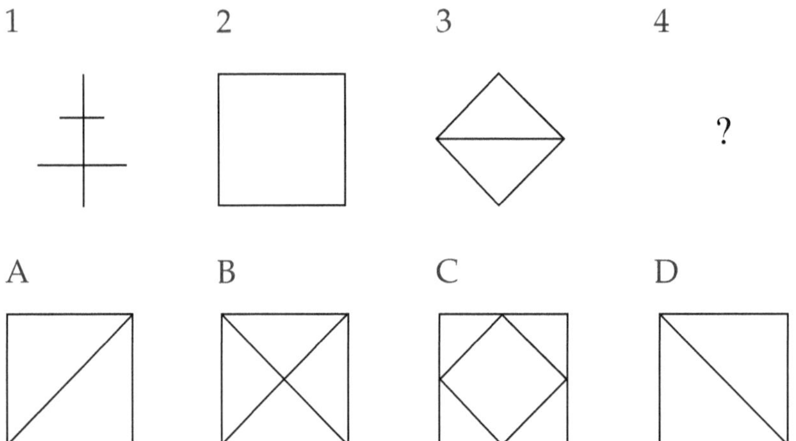

Les figures 1, 2 et 3 comportent trois, quatre et cinq segments de droite. Il faut donc prendre le dessin B qui comporte six segments.

## Exemple 17

Déterminez la figure manquante :

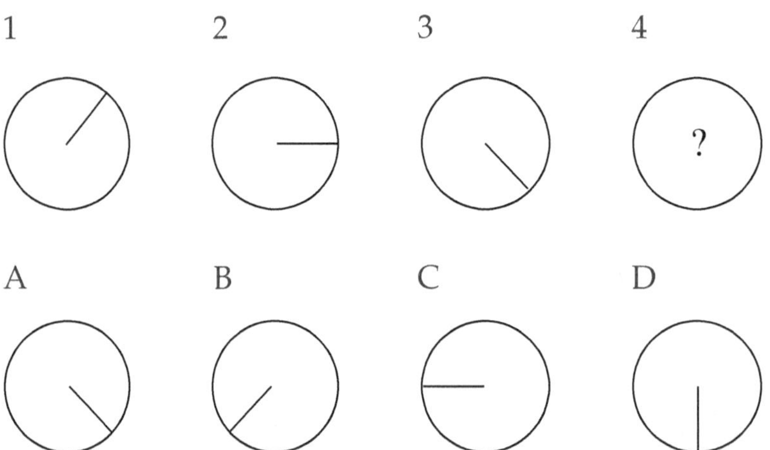

La barre tourne de 45° (la moitié d'un angle droit) dans le sens des aiguilles d'une montre. La figure qui complète la série est D.

### Exemple 18

Quelle figure complète la troisième série ?

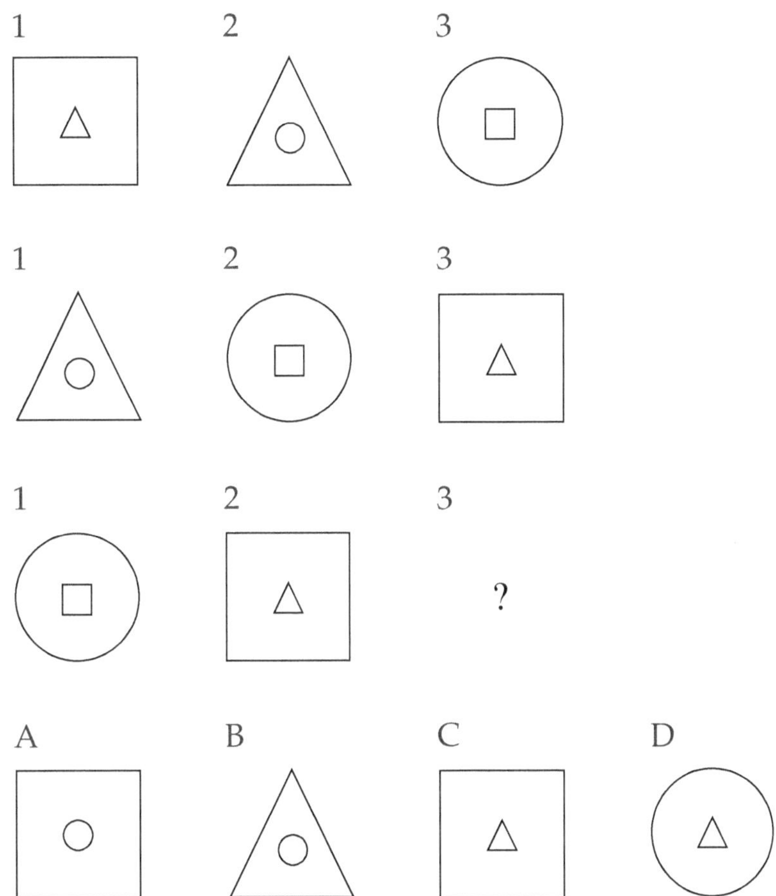

On retrouve les trois mêmes dessins sur chaque ligne. Dans la troisième série, il manque la figure composée du grand triangle et du petit rond. La bonne réponse est B.

## Exemple 19

Comment terminer la dernière série ?

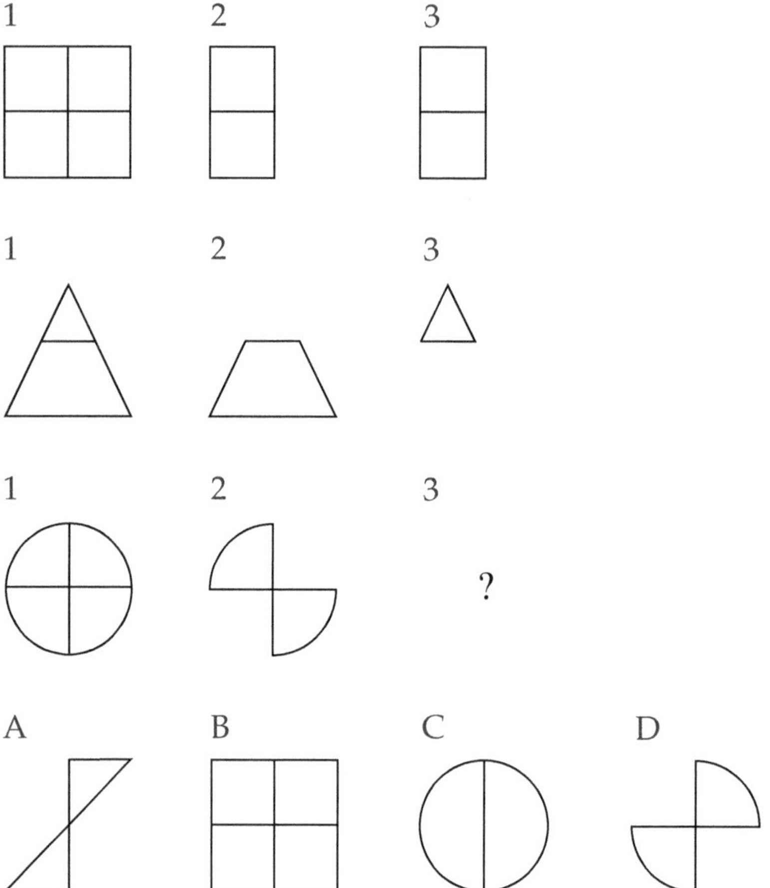

Le premier dessin de chaque série s'obtient en juxtaposant les deux dessins qui suivent. La bonne réponse est donc D.

### Exemple 20

Trouvez le dessin manquant :

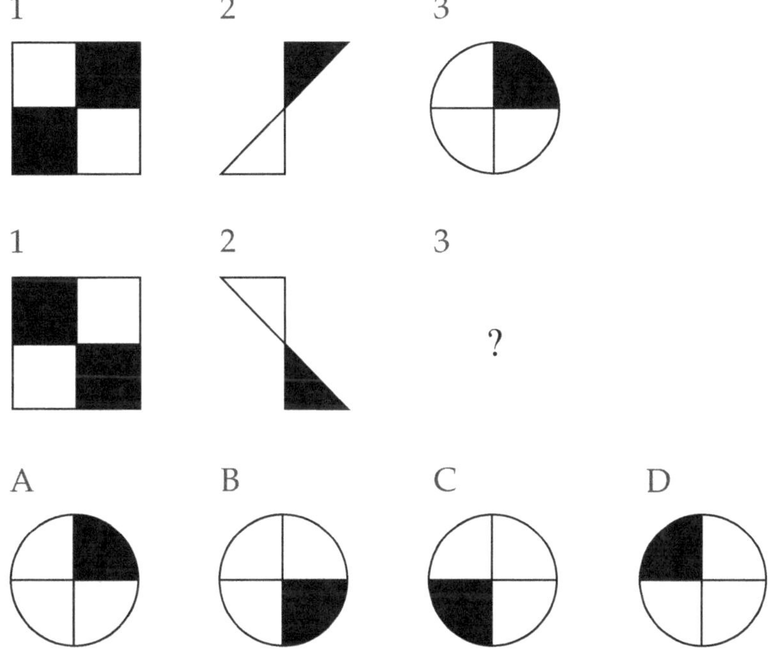

Les dessins de la deuxième ligne sont les symétriques des figures de la première ligne par rapport à un axe horizontal. Le symétrique du cercle est le dessin représenté en B.

# DEUXIÈME PARTIE

# Annales des concours Réponses et commentaires

Concours d'agent de recouvrement du Trésor

Concours externe d'informaticien de l'Assemblée Nationale

Concours d'agent de constatation des Impôts

Concours de responsable des études de l'Assemblée Nationale

**Solutions**

Les réponses et explications vous sont proposées à la fin de chaque épreuve de concours. Entraînez-vous à répondre dans les délais qui vous sont imposés. Puis, une fois l'épreuve terminée, revenez sur les exercices que vous n'avez pas su résoudre : en réfléchissant plus longtemps, vous parviendrez certainement à la solution.

La durée des épreuves varie selon le nombre d'exercices et le type de concours. En moyenne, le candidat doit consacrer entre 1/2 minute et une minute et demie à chaque question (30 à 90 secondes). L'usage des calculatrices et de tout autre document est le plus souvent interdit. Il n'y a en principe qu'une seule bonne réponse à chaque fois.

# CONCOURS 1997 POUR L'EMPLOI D'AGENT DE RECOUVREMENT DU TRÉSOR

**Vous devez cocher la lettre capitale correspondant à la bonne réponse.**

### Question n° 1

Quels chiffres manquent ?

15    4    13    8    11    12    9    ?    ?    20    5

A ❏  10   5          B ❏  16   7
C ❏  15   6          D ❏  12   8
E ❏  14   9

### Question n° 2

Quelle est la lettre manquante ?

AB=C        DE=I        JK=?        LM=Y

A ❏  V          B ❏  X
C ❏  U          D ❏  M
E ❏  P

### Question n° 3

Quel est l'élément qui complète la série suivante ?

A-10-L        G-3-K        B-11-N        K-14-Z        ?

A ❏  A-8-Y          B ❏  D-18-W
C ❏  T-27-C          D ❏  H-18-Q
E ❏  S-3-R

## Question n° 4

Quel domino manque ?

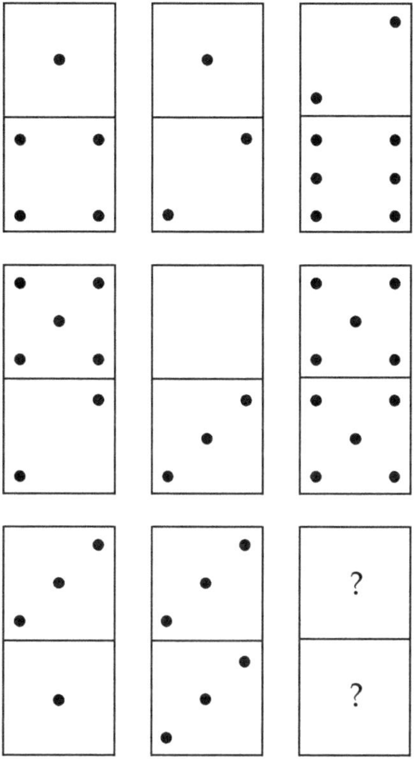

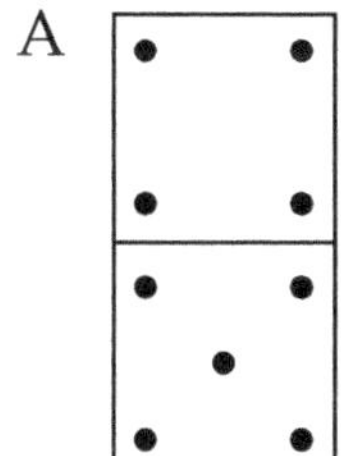 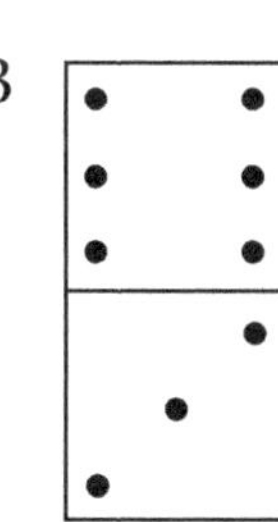 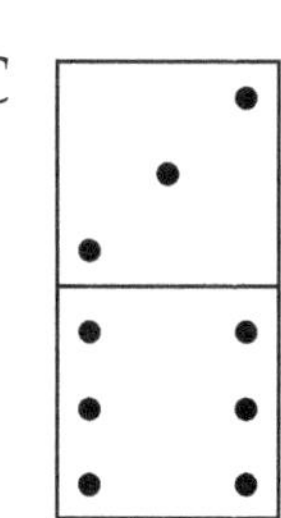 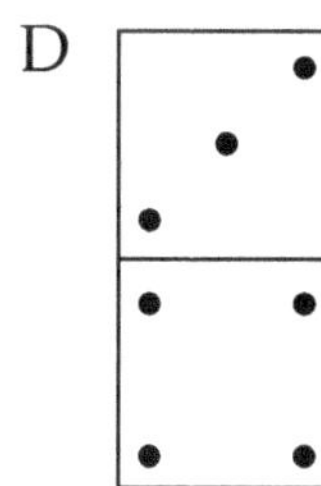 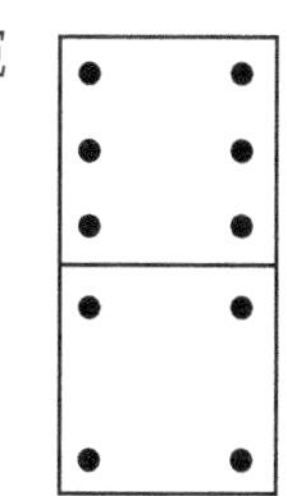

A ▫  B ▫  C ▫  D ▫  E ▫

## Question n° 5

Si ETE = 20, SQL = 24, COR = 0, BOA = 16, RAT = ?

|   |   |   |   |   |
|---|---|---|---|---|
| A ❑ | 0 | | B ❑ | -5 |
| C ❑ | -4 | | D ❑ | -1 |
| E ❑ | -12 | | | |

**Question n° 6**

Quel est le mot qui complète la série suivante ?
EMEU ;   KOALA ;   CHAT ;   GORILLE ;   ?

A ❏  Souris           B ❏  Éléphant
C ❏  Hippopotame      D ❏  Otarie
E ❏  Coq

**Question n° 7**

Quelle lettre complète cette série ?
403 (Q)    683 (S)    595 (C)    342 (?)

A ❏  D                B ❏  T
C ❏  V                D ❏  F
E ❏  G

**Question n° 8**

Chaque signe remplace un chiffre différent : que vaut le losange noir ?

☆  ❋  +  ❋  ★  =  ✧  ❒  ○
☆  ❋  +  ★  ❋  =  96
✧  ❒  +  ❒  ○  =  ☆  ◆

A ❏  5                B ❏  4
C ❏  3                D ❏  2
E ❏  1

**Question n° 9**

Quel chiffre complète la série ?

| 10 | 18 |
|----|----|
| 3  | 42 |

| 22 | 14 |
|----|----|
| 4  | 72 |

| 5 | 11 |
|---|----|
| 7 | ?  |

A ❏  56               B ❏  88
C ❏  102              D ❏  110
E ❏  116

## Question n° 10

Quel est le nombre manquant ?

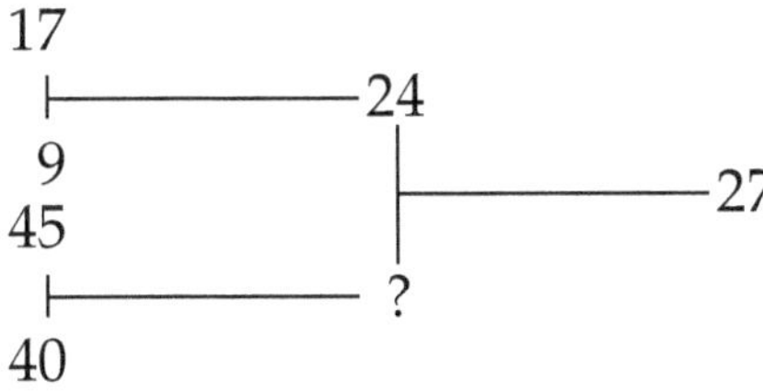


A ❑ 3    B ❑ 8
C ❑ 25    D ❑ 15
E ❑ 26

## Réponses

### Réponse 1 : B

La série se décompose en deux suites :

15 . 13 . 11 . 9 . ? . 5
. 4 . 8 . 12 . ? . 20 .

La première suite est une suite arithmétique de raison -2 ; on retranche 2 à chaque fois : ainsi, 9 - 2 = 7 et on a bien 7 - 2 = 5.
La deuxième suite est une suite arithmétique de raison 4 ; on ajoute 4 à chaque fois : on en déduit 12 + 4 = 16 et on retrouve 16 + 4 = 20.

### Réponse 2 : C

Remplaçons chaque lettre par son rang dans l'alphabet. La série s'écrit alors :

(1 ; 2) = 3    (4 ; 5) = 9    (10 ; 11) = ?    (12 ; 13) = 25

On constate que le troisième nombre est égal à la somme des deux nombres situés entre parenthèses. Le nombre manquant vaut donc 21 et la lettre de rang 21 dans l'alphabet est U.

### Réponse 3 : B

Le chiffre situé entre les deux lettres est égal au nombre de lettres qui les séparent dans l'alphabet. Parmi les solutions proposées, seul D-18-W convient.

### Réponse 4 : E

Pour chaque ligne, la partie supérieure du troisième domino est égale à la somme des parties supérieures des deux autres dominos de la ligne. Idem pour les parties inférieures. D'où pour la dernière ligne, (3/1) + (3/3) = (6/4).

### Réponse 5 : D

Là encore, on associe chaque lettre à son rang dans l'alphabet. On obtient la série suivante :

(5;20;5) = 20    (19;17;12) = 24    (3;15;18) = 0    (2;15;1) = 16
(18;1;20) = ?

Le principe est plus complexe que dans la question 2 : le quatrième nombre est égal à la somme des deux premiers à laquelle on retranche le troisième. Ainsi, 18 + 1 - 20 = -1.

### Réponse 6 : B

La série est construite sur le nombre de consonnes de chaque mot : il y en a une de plus à chaque fois. EMEU comporte une consonne, KOALA deux, CHAT trois et GORILLE quatre. Seul ELEPHANT est constitué de 5 consonnes.

### Réponse 7 : B

La lettre entre parenthèses est aussi la première lettre du mot qui désigne le nombre qui précède. D'où la lettre T pour trois cent quarante-deux.

### Réponse 8 : A

Partons de la deuxième ligne. Les symboles sont identiques de part et d'autre du signe de l'addition : il s'agit donc du même nombre. Ainsi, le nombre ☆ ❋ est égal à la moitié de 96, c'est-à-dire 48 d'où ☆ = 4 et ❋ = 8.
Remplaçons ces symboles par leur valeur dans la première ligne. Celle-ci devient :
48 + 84 = ✧ ❑ ◯ or 48 + 84 = 132 donc ✧ = 1, ❑ = 3 et ◯ = 2.
Substituons ces symboles par les chiffres correspondants dans la troisième ligne. On obtient : 13 + 32 = 4 ◆. Or 13 + 32 = 45 donc ◆ = 5.

### Réponse 9 : A

Il s'agit de déterminer comment à partir de 3 nombres on peut obtenir un quatrième nombre. On doit calculer 42 à partir de 10, 18 et 3 ; et 72 à partir de 22, 14 et 4.
42 est un multiple de 3 et 72 un multiple de 4 : $42 = 3 \times 14$
et $72 = 4 \times 18$.
Or $10 + 18 = 28 = 14 \times 2$ et $22 + 14 = 36 = 18 \times 2$.
Donc $42 = 3 \times [(10 + 18)/2]$ et $72 = 4 \times [(22 + 14)/2]$. On en déduit le nombre manquant : $7 \times [(5 + 11)/2] = 56$.

**Réponse 10 : D**

L'organisation des nombres dans l'espace implique que :
24 soit calculé à partir de 17 et 9,
le nombre manquant soit calculé à partir de 45 et 40
et 27 soit calculé à partir de 24 et du nombre manquant.

La méthode de calcul est la même à chaque fois. Or 24 et 27 ont pour point commun d'être deux multiples de 3 : $24 = 3 \times 8$ et $27 = 3 \times 9$.

8 s'obtient à partir de 17 et 9 en retranchant 9 à 17 d'où $24 = 3 \times (17 - 9)$.

En appliquant le même schéma à 45 et 40, on obtient le nombre manquant :
$3 \times (45 - 40) = 15$.

On vérifie que c'est le bon résultat en appliquant la même méthode à 24 et au nombre manquant ;
on retrouve bien 27 : $27 = 3 \times (24 - 15)$.

**Vous devez donner votre réponse en cochant l'une des lettres capitales A, B ou C.**

## Question n° 1

Quel nombre manque ?   7   8   ?   13   17

    A ❑ 9
    B ❑ 10
    C ❑ 11

## Question n° 2

Quelle lettre manque ?   M   K   I   ?   E

    A ❑ C
    B ❑ H
    C ❑ G

## Question n° 3

Quel nombre manque ?   E 4 C 2 H 7 A ? G 6

    A ❑ 0
    B ❑ 2
    C ❑ 3

## Question n° 4

Parmi ces cinq mots, deux ont un sens proche, lesquels ?

prologue ; secret ; parodie ; histoire ; mystère
    A ❑ parodie et histoire
    B ❑ prologue et mystère
    C ❑ secret et mystère

## Question n° 5

Chaque mot contient le nom d'un corps chimique dont l'ordre des lettres a été bouleversé de la même manière. Un mot fait exception, lequel ?
TENIA ; HPPSOROHE ; LAIMUUINM ; EFR ; OBHCUE

    A ❑ le troisième
    B ❑ le deuxième
    C ❑ le cinquième

**Question n° 6**

Quel mot cache le nom d'un pays dont l'ordre des lettres a été bouleversé ?

UOTSERIB ; RMEUSLDAA ; ONVEGRE ; DNAMLAA

- A ❑ le premier
- B ❑ le troisième
- C ❑ le quatrième

**Question n° 7**

Complétez cette suite : arbres  6  salle  5  cage  4  table  ?

- A ❑ 3
- B ❑ 4
- C ❑ 5

**Question n° 8**

Complétez cette suite :

SEPT  4  QUATRE  6  SIX  3  DOUZE  ?

- A ❑ 12
- B ❑ 5
- C ❑ 3

**Question n° 9**

Si  ciboire  ->  défendre
alors boire  ->  ?

- A ❑ détendre
- B ❑ fendre
- C ❑ fondre

**Question n° 10**

Complétez le dernier mot de cette suite :
ELLE  ROTOR  ICI  RESSA  ?

- A ❑ ISIR
- B ❑ SSER
- C ❑ NTIR

**Question n° 11**

Complétez : 1 MÈTRE  0,01  CENTIMÈTRE  0,1  DÉCIMÈTRE  1 000  ?

- A ❑ millimètre
- B ❑ kilomètre
- C ❑ hectomètre

**Question n° 12**

Complétez cette suite :     729   243   81   27   ?

    A ❑   9
    B ❑   -27
    C ❑   3

**Question n° 13**

Complétez :   fenêtre  7  miroir  6  porte  5  tapis  ?  mur  3

    A ❑   4
    B ❑   5
    C ❑   2

**Question n° 14**

Si    Éconduire   ->      574162895
alors        ?        ->      8162895

    A ❑   conduire
    B ❑   induire
    C ❑   réduire

**Question n° 15**

Complétez :   576   288   144   72   ?   ?

    A ❑   42       15
    B ❑   0        -72
    C ❑   36       18

**Question n° 16**

Complétez cette suite :     16   64   256   1024   ?

    A ❑   1536
    B ❑   2048
    C ❑   4096

**Question n° 17**

« Je désavoue ne pas affirmer que je prétends ne pas avancer que je le hais »
Quelle phrase se rapproche le plus de la précédente ?

    A ❑   je le hais
    B ❑   je l'aime
    C ❑   je ne le hais pas

**Question n° 18**

Quel mot cache le nom d'un fruit ?
PONLES ; RFIASE ; URMETV ; SLEIOT

      A ❑   le troisième
      B ❑   le premier
      C ❑   le deuxième

**Question n° 19**

Quelle ligne ne répond pas à la logique des trois autres ?
MUSIQUE    ->   USE
ROULADE    ->   DUE
VERSOIR    ->   IRE
CARDAGE    ->   GRE

      A ❑   la troisième
      B ❑   la première
      C ❑   la quatrième

**Question n° 20**

Complétez :   D  3  K  10  I  8  L  ?

      A ❑   11
      B ❑   15
      C ❑   9

## Réponses

### Réponse 1 : B

On ajoute 1, puis 2, puis 3, puis 4. On obtient ainsi : 8 + 2 = 10 et on vérifie que 10 + 3 = 13.

### Réponse 2 : C

Associons à chaque lettre son rang dans l'alphabet. On obtient la série suivante : 13, 11, 9, ?, 5. On a là une suite arithmétique de raison -2 : on retranche 2 à chaque fois. Le chiffre manquant est donc 7 : 9 - 2 = 7 et 7 - 2 = 5. La lettre de rang 7 dans l'alphabet est bien G.

### Réponse 3 : A

Premier raisonnement : chaque chiffre est associé à la lettre qui la précède. Remplaçons chaque lettre par son rang dans l'alphabet. La suite devient : (5;4) (3;2) (8;7) (1;?) (7;6). On constate que pour chaque couple, le deuxième chiffre s'obtient en ôtant 1 au premier chiffre. Le chiffre manquant vaut donc 0 : 1 - 1 = 0. Deuxième raisonnement : chaque lettre est suivie du chiffre indiquant le nombre de lettres qui la précèdent dans l'alphabet.

### Réponse 4 : C

Une *parodie* est une imitation burlesque et n'a aucun rapport avec le mot *histoire*. Un *prologue* est un texte introductif et ne présente aucun lien avec le terme *secret*. Seuls *secret* et *mystère* sont des synonymes.

### Réponse 5 : C

TENIA se transforme en *étain*, HPPSOROHE en *phosphore*, LAIMUUINM en *aluminium*, EFR en *fer* et OBHCUE en *bouche*. Seul le dernier mot *bouche* n'est pas le nom d'un corps chimique.

### Réponse 6 : B

ONVEGRE se transforme en *Norvège*. Les autres propositions ne correspondent à rien.
Notre conseil : il faut passer rapidement sur les groupes de lettres. *Norvège* est assez facile à trouver. Il ne faudrait pas perdre de temps sur le premier ou le deuxième groupe.

### Réponse 7 : C

Le nombre qui suit chaque mot correspond au nombre de lettres qui composent le mot. Ainsi, pour *table*, le chiffre associé est 5. Attention : la suite de chiffres 6, 5, 4 est décroissante ce qui pourrait laisser penser que le chiffre manquant est 3 ; mais dans ce cas, les chiffres n'auraient plus de rapport avec les mots qui précèdent.

### Réponse 8 : B

Le raisonnement est le même que pour la question 7.

### Réponse 9 : B

On passe de *ciboire* à *boire* en ôtant la première syllabe. En appliquant le même procédé au mot *défendre*, on trouve le mot *fendre*.

### Réponse 10 : B

Chacun des mots de la liste peut se lire indifféremment de gauche à droite et de droite à gauche. Pour qu'il en soit de même pour le mot manquant, il convient d'ajouter SSER à la partie RESSA d'où le verbe ressasser.

### Réponse 11 : B

Le mot qui suit chaque chiffre est le nom qui sert à le désigner dans la base du système métrique d'où pour 1000, le mot *kilomètre*.

### Réponse 12 : A

Il s'agit d'une suite géométrique de raison 1/3. On divise à chaque fois par 3 :
27 : 3 = 9

### Réponse 13 : B

Même raisonnement qu'à la question 7.

### Réponse 14 : B

Les lettres du mot ÉCONDUIRE sont associées aux chiffres qui composent le nombre 574162895 : d'où les correspondances (E;5) (C;7) (O;4) (N;1) (D;6) (U;2) (I;8) (R;9) (E;5).

À l'aide de cette table de correspondance, on déduit du nombre 8162895, le mot INDUIRE.

## Réponse 15 : C

La série est une suite géométrique de raison 1/2. On divise par deux à chaque fois :
72 : 2 = 36 et 36 : 2 = 18.

## Réponse 16 : C

Il s'agit d'une suite géométrique de raison 4. On multiplie par 4 à chaque fois :
1024 *4 = 4096

## Réponse 17 : C

La phrase est composée de plusieurs négations : désavoue, ne pas affirmer et ne pas avancer. Elles sont au nombre de trois ce qui équivaut à une seule négation. La phrase se rapproche donc de la forme : je ne le hais pas.

## Réponse 18 : C

RFIASE se transforme en *fraise*.

## Réponse 19 : A

Dans les première, deuxième et quatrième lignes, les trois lettres sélectionnées sont les troisième, avant-dernière et dernière lettres des mots qui précèdent. À la troisième ligne, il s'agit des deuxième, avant-dernière et dernière lettres du mot *versoir*.

## Réponse 20 : A

Le raisonnement est le même qu'à la question 3.

### Question n° 1

Quel est le résultat de cette opération ?     $17 - 6 \times 0{,}2 + 19$ ?

| | |
|---|---|
| A ❏   -98,2 | B ❏   21,2 |
| C ❏   34,8 | D ❏   211,2 |

### Question n° 2

Un article de 500 € subit au cours du mois de décembre une hausse de 11 % puis, au mois de janvier, une baisse de 11 %. Quelle est sa valeur finale ?

| | |
|---|---|
| A ❏   445 € | B ❏   493,95 € |
| C ❏   500 € | D ❏   616,05 € |

### Question n° 3

La somme des 3 angles d'un triangle est égale à un angle plat. Le premier angle du triangle mesure 14° 45′, le deuxième 25° 54′. Quelle est la mesure du troisième ?

| | |
|---|---|
| A ❏   140°01′ | B ❏   139°21′ |
| C ❏   60°01′ | D ❏   50°01′ |

### Question n° 4

Si, dans une colonie de vacances, il y avait 20 filles de moins, il y aurait 2 fois plus de garçons que de filles. Combien y a-t-il de garçons dans cette colonie qui compte 290 enfants ?

| | |
|---|---|
| A ❏   110 | B ❏   140 |
| C ❏   150 | D ❏   180 |

### Question n° 5

Un compétiteur de ball-trap a touché 122 assiettes en 3/4 d'heure. L'appareil de ball-trap lance 2 assiettes toutes les 27 secondes. Quel est le pourcentage de réussite du compétiteur ?

| | |
|---|---|
| A ❏   12,2 % | B ❏   34 % |
| C ❏   61 % | D ❏   91,5 % |

## Question n° 6

Un dessinateur doit respecter à l'échelle du 1/25 le plan d'un immeuble de 12 mètres de large et 21 mètres de long. Il dispose de feuilles de dessin de différentes dimensions. Quel format de feuille devra-t-il utiliser pour réaliser son dessin ?

- A ❑ Format en cm : $11 \times 15$
- B ❑ Format en cm : $21 \times 29{,}7$
- C ❑ Format en cm : $42 \times 60$
- D ❑ Format en cm : $63 \times 90$

## Question n° 7

Un antiquaire achète une commode 7 000 € ; il la vend une première fois 8 000 €. Il la rachète 9 000 € et la revend ensuite 10 000 €. Quel est son bénéfice ?

- A ❑ Il ne fait pas de bénéfice
- B ❑ 1 000 €
- C ❑ 2 000 €
- D ❑ 3 000 €

## Question n° 8

Une automobile consomme 10,5 litres aux 100 km. Elle débute son trajet à 13 h 15 avec 22 litres en réserve et l'interrompt à 14 h 55 pour faire le plein. Sachant que la voiture parcourt en moyenne 90 km/h et qu'elle a un réservoir de 47 litres, quelle quantité d'essence le pompiste a-t-il mise dans le réservoir ?

- A ❑ 28,15 litres
- B ❑ 28,5 litres
- C ❑ 40,75 litres
- D ❑ 42,5 litres

## Question n° 9

Par quelle fraction faut-il multiplier 3/5 pour obtenir les 2/3 de 9/4 ?

- A ❑ 9/10
- B ❑ 7/6
- C ❑ 6/5
- D ❑ 5/2

## Question n° 10

De quelle longueur faut-il diminuer le côté d'un carré qui a pour périmètre 40 cm pour que son aire diminue de 36 $cm^2$ ?

- A ❑ 2 cm
- B ❑ 4 cm
- C ❑ 6 cm
- D ❑ 8 cm

### Question n° 11

Une allée, de forme rectangulaire, a une largeur de 4 m et une longueur de 13 m. Son propriétaire veut la faire goudronner sur une épaisseur de 2 cm. De quel volume de goudron aura-t-il besoin ?

A ❑  104 litres        B ❑  1 040 litres
C ❑  10 400 litres     D ❑  104 000 litres

### Question n° 12

Un terrain de volley-ball tracé au sol a une longueur de 24 mètres et une largeur de 15 mètres. Centré sur une aire carrée de 1 600 m$^2$, il bénéficiera d'une distance entre la ligne de fond de court et la limite de l'aire de :

A ❑  8 mètres          B ❑  12 mètres
C ❑  16 mètres         D ❑  32 mètres

### Question n° 13

Une lithographie encadrée a un prix global de 1 300 €. Sachant que la lithographie elle-même coûte 900 € de plus que le cadre, combien coûte le cadre ?

A ❑  100 €             B ❑  200 €
C ❑  300 €             D ❑  400 €

### Question n° 14

Quelle est la superficie, en hectare, d'une propriété composée de bâtiments, de jardins, de prés et de bois, sachant que :
– les jardins occupent le quart de la superficie totale ;
– les prés occupent le cinquième de la superficie totale ;
– les bois représentent la moitié de la superficie totale ;
– les bâtiments ont une superficie de 450 m$^2$ ?

A ❑  0,8 ha            B ❑  0,9 ha
C ❑  9 ha              D ❑  80 ha

### Question n° 15

Un produit coûte 320 €. Une première démarque annonce 20 % de remise sur ce produit. Une promotion exceptionnelle propose une ristourne supplémentaire de 15 % sur le prix soldé. Quel est le prix de ce produit après ces différentes réductions ?

A ❑  207,60 €          B ❑  208,00 €
C ❑  217,60 €          D ❑  218,00 €

## Réponses

### Réponse 1 : C

$$17 - 6 \times 0{,}2 + 19 = (17 + 19) - (6 \times 0{,}2)$$
$$= 36 - 1{,}2$$
$$= 34{,}8$$

### Réponse 2 : B

La méthode de calcul proposée ci-dessous tient compte du fait que vous ne disposez pas d'une calculatrice le jour de l'épreuve.

Prix après la hausse :   $P_1 = 500 + 11\,\% \times 500$
Prix après la baisse :   $P_2 = P_1 - 11\,\% \times P_1$

$$P_2 = P_1 - 11\,\% \times P_1$$
$$= (500 + 11\,\% \times 500) - 11\,\% \times (500 + 11\,\% \times 500)$$
$$= 500 + 11\,\% \times 500 - 11\,\% \times 500 - 11\,\% \times 11\% \times 500$$
$$= 500 - 11\% \times 11\,\% \times 500$$

Or   $11\,\% \times 11\% = 0{,}11 \times 0{,}11$
$$= 0{,}0121$$
$$\approx 1{,}2\,\%$$

Et   $1{,}2\,\% \times 500 = 6$

Donc   $P_2 \approx 500 - 6$
$$\approx 494$$

La valeur la plus proche, parmi les solutions proposées, est 493,95 €.

### Réponse 3 : B

Rappelez vous que : $1°$ (degré) $= 60'$ (minutes).

La somme des trois angles d'un triangle est égale à un angle plat soit $180°\ 00'$.

Le troisième angle vaut donc :   $180°\ 00' - (14°\ 45' + 25°\ 54')$

Or   $14°\ 45' + 25°\ 54' = 39° + 99'$
$$= 40°\ 39' \quad (99' = 1°\ 39')$$

Donc   $180°\ 00' - (14°\ 45' + 25°\ 54') = 180°\ 00' - 40°\ 39'$
$$= 139°\ 21'$$

### Réponse 4 : D

Soient $x_1$ le nombre de filles et $y_1$ le nombre de garçons.
On cherche la valeur de $y_1$, sachant que $x_1 + y_1 = 290$.

Supposons que le nombre de filles diminue de 20.
Soient $x_2$ le nombre de filles et $y_2$ le nombre de garçons.
$x_2 + y_2 = 270$ et $x_2 = x_1 - 20$.
L'énoncé précise que dans ce cas il y a deux fois plus de garçons
que de filles donc $y_2 = 2 * x_2$

$x_2 + y_2 = 270$ et $y_2 = 2 * x_2$  donc  $3 * x_2 = 270$    d'où   $x_2 = 90$
Or $x_2 = x_1 - 20$     donc    $x_1 = 110$
Or $x_1 + y_1 = 290$   donc    $y_1 = 180$

### Réponse 5 : C

3/4 d'heure = 45 minutes = 2 700 secondes
L'appareil de ball-trap lance 2 assiettes toutes les 27 secondes.
En 3/4 d'heure, soit 2 700 secondes, il en lance 100 fois plus
donc 200.
Sur ces 200, le compétiteur en a touché 122. Le pourcentage de
réussite vaut donc 61 % : 122 : 200 = 0,61.

### Réponse 6 : D

Dimension sur le papier = échelle × dimension réelle.
12 m représente donc 48 cm sur le papier et 21 m représente
84 cm :
$12 \times 1/25 = 12 \times 0,04 = 0,48$   et   $21 \times 1/25 = 21 \times 0,04 = 0,84$
Le format adéquat est donc 63 × 90.

### Réponse 7 : C

Premier raisonnement : l'antiquaire dépense 16 000 € :
7 000 + 9 000 = 16 000
            et gagne 18 000 € :  8 000 + 10 000 = 18 000.
Il fait donc un bénéfice de 2 000 € :  18 000 - 16 000 = 2 000.

Deuxième raisonnement : il fait un premier bénéfice de 1 000 €,
puis un second de 1 000 € également, donc de 2 000 € au total.

### Réponse 8 : C

La voiture a roulé pendant 1 h 40, soit 100 mn :
14 h 55 - 13 h 15 = 1 h 40 = 100 mn.

Elle roule à la vitesse de 90 km/h soit 1,5 km/mn : 90 : 60 = 1,5.
Elle a donc parcouru 150 km : 100 × 1,5 = 150.

La voiture consomme 10,5 l aux 100 km, soit 0,105 l par km :
10,5 : 100 = 0,105.
Sur 150 km, elle a donc consommé 15 litres :
150 × 0,105 ≈ 150 × 0,1 ≈ 15.

Avant de faire le plein, il reste dans le réservoir environ
7 litres : 22 - 15 = 7.
Le pompiste a donc dû rajouter environ 40 litres : 47 - 7 = 40.

## Réponse 9 : D

$$9/4 \times 2/3 \ = \ (9 \times 2) \ / \ (4 \times 3)$$
$$= \ 9/3 \times 2/4$$
$$= \ 3 \times 1/2$$
$$3/2 : 3/5 \ = \ 3/2 \times 5/3$$
$$= \ (3 \times 5) \ / \ (2 \times 3)$$
$$= \ 5/2$$

## Réponse 10 : A

Soient c le côté du carré, P son périmètre et A son aire.
$P = 4 \times c$　　et　　$A = c^2$
On sait que P = 40 cm et on cherche l, la longueur dont il faut
diminuer c pour que : $A - 36 = (c-l)^2$
c = P : 4 = 40 : 4 = 10 (cm)
$A = c^2 = 10^2 = 100$ (cm$^2$)
$(c-l)^2 = A - 36 = 100 - 36 = 64 = 8^2$
donc c-l = 8　　et　　l = c - 8 = 10 - 8 = 2 (cm)

## Réponse 11 : B

Volume du cube = aire de la base × hauteur.
La base est une rectangle donc aire de la base = longueur ×
largeur.
Ainsi, aire de la base　　= 4 × 13 = 52 (m$^2$)
et volume　　　　　　= 52 × 0,02 (attention à toujours
　　　　　　　　　　　　　　　exprimer les grandeurs
　　　　　　　　　　　　　　　dans la même unité)
　　　　　　　　　　= 1,04 m$^3$
　　　　　　　　　　= 1 040 litres

Rappelez-vous que :　　1 m$^3$ = 1 000 litres
　　　　　　　　　　　1 dm$^3$ = 1 litre

### Réponse 12 : A

Soit c le côté du carré : $c^2 = 1\,600\ m^2$ donc $c = 40\ m$.
Soient L la longueur du terrain et l sa largeur :
$L = 24\ m$ et $l = 15\ m$ (l ne sert à rien).
Soit d la distance entre le fond de court et la limite de l'aire :
$c = L + 2 \times d$.

$$
\begin{aligned}
\text{Donc}\quad d \ &= (c\text{-}L) : 2 \\
&= (40 - 24) : 2 \\
&= 8 \text{ mètres}
\end{aligned}
$$

### Réponse 13 : B

Soient x le prix du cadre et y le prix de la lithographie.
$x + y = 1\,300$ et $y = x + 900$

$$
\begin{aligned}
\text{donc}\quad & 2\,{}^*x + 900 = 1300 \\
\text{et}\quad & x = (1300 - 900) : 2 = 200.
\end{aligned}
$$

### Réponse 14 : B

Soient  S la superficie totale,
x la superficie des jardins,
y la superficie des prés,
z la superficie des bois,
t la superficie des bâtiments.

$$
\begin{aligned}
S &= x + y + z + t \\
x &= S : 4 = 0{,}25 \times S \\
y &= S : 5 = 0{,}2 \times S \\
z &= S : 2 = 0{,}5 \times S \\
t &= 450\ m^2
\end{aligned}
$$

$$
\begin{aligned}
\text{donc}\quad S \ &= 0{,}25 \times S + 0{,}2 \times S + 0{,}5 \times S + 450 \\
&= 0{,}95 \times S + 450
\end{aligned}
$$

$$
\begin{aligned}
\text{d'où}\quad & 0{,}05 \times S = 450 \\
\text{et}\quad & S = 450 : 0{,}05 = 9\,000\ (m^2) \\
\text{or}\quad & 10\,000\ m^2 = 1\ ha \\
\text{donc}\quad & S = 0{,}9\ ha
\end{aligned}
$$

**Réponse 15 : C**

Prix de base   =   320 €

Prix après le premier rabais : 256 €

320 - 320 × 20 %	=	320 - 320 : 5
	=	320 - 64
	=	256

(Multiplier par 20 % équivaut à diviser par 5).

Prix après le deuxième rabais : 217,60 €

256 - 256 × 15 %	= 256 - 38,40
	= 217,60

(Multiplier par 15 % équivaut à multiplier par 3 et diviser par 20).

# CONCOURS 1997 DE RESPONSABLE DES ÉTUDES DE L'ASSEMBLÉE NATIONALE

**L'épreuve n'est pas présentée dans son exhaustivité : seules les questions les plus intéressantes ont été sélectionnées.**

## Question n° 1

Dans cette série, un dessin se distingue des autres. Lequel ?

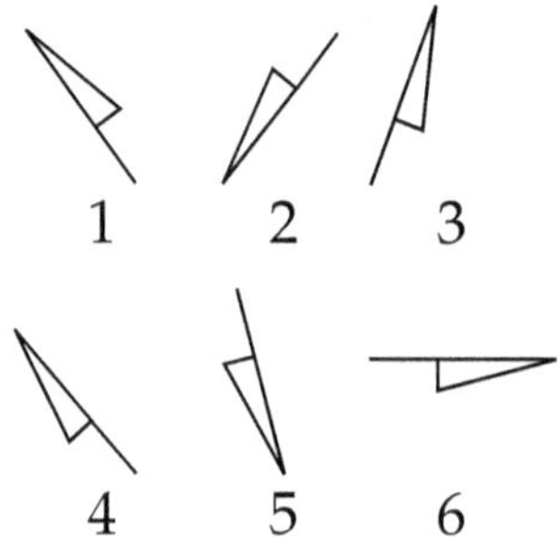



A ❑ 1
B ❑ 3
C ❑ 4
D ❑ 5

## Question n° 2

Combien de triangles se trouvent dans ce dessin ?

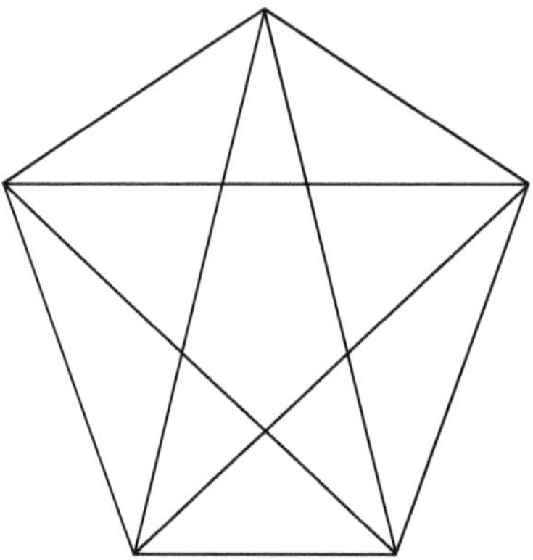

A ❑ moins de 26
B ❑ de 27 à 30
C ❑ de 31 à 35
D ❑ plus de 35

**Question n° 3**

Suite logique :   2   5   9   14   20   X

A ❏   X = 26           B ❏   X = 27
C ❏   X = 28           D ❏   X = 29

**Question n° 4**

Suite logique :   3   4   7   11   18   Y

A ❏   Y = 26           B ❏   Y = 27
C ❏   Y = 28           D ❏   Y = 29

**Question n° 5**

Effectuez mentalement et approximativement cette opération et cochez la solution qui vous paraît exacte :   **5 283 × 18 : 75 =**

A ❏   563,84           B ❏   852,24
C ❏   1 267,92         D ❏   952,18

**Question n° 6**

Chaque point d'interrogation représente un nombre que vous devez trouver pour compléter la série :

?   6   9   8   16   ?   18   36   39

A ❏   3 et 17          B ❏   1 et 17
C ❏   3 et 19          D ❏   1 et 19

**Question n° 7**

U   D   T   Q   C   S   ?
Continuez cette suite.

A ❏   S                B ❏   D
C ❏   T                D ❏   V

**Question n° 8**

50   45   47   42   44   ?

A ❏   39               B ❏   46
C ❏   49               D ❏   56

**Question n° 9**

Quel nombre a sa place dans le triangle resté blanc ?

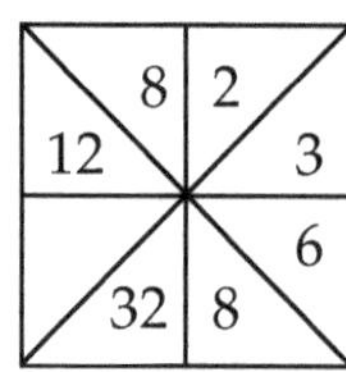

A ❏  2                    B ❏  3
C ❏  6                    D ❏  24

**Question n° 10**

Retour de marché, notre voisine nous annonce les cours du jour : les cerises se vendent à 4 € le kilo et les pêches à 2 € le kilo. Sur ce, bavarde, elle ajoute qu'elle a acheté cerises et pêches en quantités égales.

Curieux son fils, après avoir jeté un œil sur le ticket que sa mère a conservé, nous précise que si elle avait acheté pêches et cerises non pas en quantités égales mais à dépenses égales, elle aurait ramené une livre et demie de fruits en plus. Combien notre voisine a-t-elle dépensé ?

A ❏  18 €                  B ❏  12 €
C ❏  24 €                  D ❏  16 €

**Question n° 11**

Quelles sont les trois rangées contenant le plus grand nombre de lettres ? (vous n'avez pas le temps d'additionner)

```
1    EEE  EEE  E  E  EEE
2    MMMMM  MMM  M  M  MMMM
3    IIIII  III  III  IIII
4    XII  XIIXI  XIIX  IIXI  II
5    OWO  O  WO  WOW  W  WOW
6    JI  JJIIJJ  I  JI  JIJIJI
```

A ❏  2, 3 et 4             B ❏  3, 5 et 6
C ❏  3, 4 et 6            D ❏  4, 5 et 6

**Question n° 12**

28 930 × 14 =

A ❏  405 020             B ❏  504 000
C ❏  356 790             D ❏  502 790

## Question n° 13

Quelle lettre a sa place dans la case blanche ?
Attention : cette suite a un début et une fin.

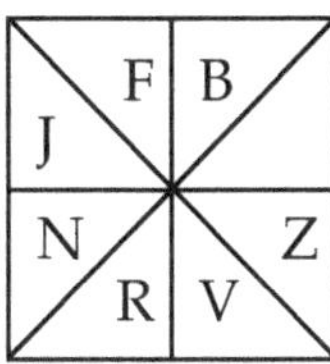

A ❑  H              B ❑  L
C ❑  V              D ❑  X

## Question n° 14

Christine et Robert forment un couple uni et solide, d'âge moyen. Robert a 48 ans, alors qu'elle... ne veut pas le dire. Essayez de deviner son âge en sachant que Robert a actuellement le double de l'âge qu'avait Christine au moment où il avait l'âge qu'elle a actuellement.

A ❑   32 ans              B ❑   36 ans
C ❑   38 ans              D ❑   40 ans

## Question n° 15

Y   W   T   P   K   ?   La lettre suivante est...

A ❑  E              B ❑  F
C ❑  L              D ❑  L

## Question n° 16

Analogie : « carré est à triangle comme... »

A ❑   dodécagone à parallélépipède
B ❑   dodécagone à hexagone
C ❑   hexagone à pentagone
D ❑   pentagone à parallélépipède

## Réponses

### Réponse 1 : C

Premier raisonnement : toutes les figures, excepté la quatrième, s'obtiennent à partir de la première par rotation ; la quatrième s'obtient par un retournement.

Deuxième raisonnement : les figures sont superposables sauf la quatrième.

### Réponse 2 : C

Pour trouver rapidement, reproduisez la figure sur un brouillon en comptant, à chaque segment de droite que vous ajoutez, le nombre de triangles créés.

### Réponse 3 : B

On ajoute à chaque fois un nombre qui augmente d'une unité :
$$2 + 3 \rightarrow 5 + 4 \rightarrow 9 + 5 \rightarrow 14 + 6 \rightarrow 20 + 7 \rightarrow 27$$

### Réponse 4 : D

Chaque nombre se déduit en ajoutant les deux qui précèdent :
$$3 + 4 \rightarrow 7 + 4 \rightarrow 11 + 7 \rightarrow 18 + 11 \rightarrow 29$$

### Réponse 5 : C

$18 = 3 \times 6$   et   $75 = 3 \times 25$   donc   $18 : 75 = 6 : 25$
après simplification.

$6 : 25 \approx 6 : 24$   et   $6 : 24 = 1/4$ donc   $6 : 25 \approx 1/4$.
Ainsi   $5\,283 \times 18 : 75 \approx 5\,283 : 4$
Or   $5\,283 : 4 \approx 1\,320$   (diviser d'abord par 2 puis encore par 2)

Parmi les solutions proposées, la réponse C est bien celle qui s'approche le plus de ce résultat.

### Réponse 6 : C

Les nombres sont regroupés par trois : ?, 6 et 9 puis 8, 16 et ? puis 18, 36 et 39.

Dans chacun des triplets, le deuxième nombre est égal au double du premier et le troisième s'obtient en ajoutant 3 au deuxième.

D'où les résultats :   $6 : 2 = 3$   et   $16 + 3 = 19$.

### Réponse 7 : A

Les lettres sont les premières des mots qui désignent les chiffres de la suite :
1 (**U**n)   2 (**D**eux)   3 (**T**rois)   4 (**Q**uatre)   5 (**C**inq)   6 (**S**ix).
Le chiffre qui suit étant 7 (**S**ept), la lettre qu'il faut trouver est S.

### Réponse 8 : A

La série est constituée de deux suites :   50   .   47   .   44   .
                                             .   45   .   42   .   ?

Les deux suites sont arithmétiques de raison -3 : on retranche 3 à chaque fois.

### Réponse 9 : D

Chacun des quatre nombres situés à gauche s'obtient en multipliant par 4 le nombre de droite placé en vis-à-vis.
Ainsi, $6 \times 4 = 24$.

### Réponse 10 : A

Soit D la dépense totale.
Soient $x_1$ et $x_2$ les quantités de cerises et de pêches achetées par la voisine.
Soient $y_1$ et $y_2$ les quantités de cerises et de pêches qu'aurait achetées son fils.

La voisine a acheté les fruits en quantités égales, donc $x_1 = x_2 = x$
Le prix au kilo des cerises est de 4 € et celui des pêches est de 2 €. La dépense vaut : $D = 4x_1 + 2x_2 = 6x$

L'hypothèse du fils selon laquelle si la mère avait acheté les fruits non pas en quantités égales mais en dépenses égales alors elle aurait ramené une livre et demie de plus, soit 0,75 kg (1 livre = 0,5 kg en France), se traduit par les égalités suivantes :
si   $4y_1 = 2y_2$   alors   $y_1 + y_2 = x_1 + x_2 + 3/4$ et
$D = 4y_1 + 2y_2$

Remarque :   $x_1 = x_2 = x$   donc   $x_1 + x_2 = 2x$   et
$y_1 + y_2 = 2x + 3/4$
$4y_1 = 2y_2$ équivaut après une division par 2 à
$2y_1 = y_2$

Ainsi, vous êtes amenés à résoudre le système :

$D = 6x$                     (1)
$D = 4y_1 + 2y_2$         (2)
$y_1 + y_2 = 2x + 3/4$    (3)
$2y_1 = y_2$               (4)

En remplaçant (4) dans (3), on obtient :      $y_1 = 2/3 * x + 1/4$
En remplaçant (4) dans (2), on a :          $D = 8y_1$
En substituant la valeur de $y_1$, on aboutit à :    $D = 16/3 * x + 2$
En comparant ce résultat à (1), on conclut à :    $x = 3$

D'où    $D = 6 \times 3 = 18$.

## Réponse 11 : C

L'indication entre parenthèses est un piège. Vous devez regrouper les lettres et les additionner par paquet : sur la première ligne vous remarquez très vite qu'il y a $3 + 3 + 2 + 3 = 11$ lettres.

Si vous vous arrêtez à la longueur des lignes, vous tomberez dans le piège suivant : les lignes les plus longues ne sont pas celles qui comportent le plus de lettres. Il faut tenir compte de la taille des lettres.

## Réponse 12 : A

Vous n'avez pas le temps d'effectuer un calcul exact. Il vous faut procéder en décomposant les étapes de calcul et en procédant par approximation.

$$28\,930 \times 14 \quad \approx \quad 30\,000 \times 14$$

La multiplication est distributive par rapport à l'addition :

$$
\begin{aligned}
30\,000 \times 14 \quad &= \quad 30\,000 \times (10 + 4) \\
&= \quad 30\,000 \times 10 + 30\,000 \times 4 \\
&= \quad 300\,000 + 120\,000 \\
&= \quad 420\,000
\end{aligned}
$$

Parmi les solutions proposées, A a la valeur la plus proche de ce résultat.

## Réponse 13 : D

On part de B et on tourne dans le sens inverse des aiguilles d'une montre. On passe d'une lettre à l'autre en sautant 3 lettres de l'alphabet à chaque fois :
B c d e F g h i J k l m N o p q R s t u V w x y Z.

Supposons que la lettre manquante soit à la fin de cette série : il faudrait alors trouver D (Z a b c D). Or D ne fait pas partie des solutions proposées. La lettre manquante est donc au début de la série : il s'agit de X (X y z a B).

### Réponse 14 : B

Soient $x_1$ l'âge actuel de Robert et $y_1$ l'âge actuel de Christine. $x_1 = 48$ et on cherche la valeur de $y_1$.

Soient $y_2$ l'âge de Christine et $x_2$ l'âge de Robert au moment où Robert avait l'âge qu'a actuellement Christine.
On sait que $x_2 = y_1$ et que $x_1 = 2 * y_2$

De plus, il y a toujours la même différence d'âge entre Robert et Christine : $y_1 - x_1 = y_2 - x_2$

Vous êtes amenés à résoudre le système suivant :
$y_1 - x_1 = y_2 - x_2$　　　　(1)
$x_1 = 2 * y_2$　　　　(2)
$x_2 = y_1$　　　　(3)
$x_1 = 48$　　　　(4)

On remplace (3) et (2) dans (1) et on obtient : $y_1 = 3/4 * x_1$
En utilisant (4), on aboutit à : $y_1 = 36$.

### Réponse 15 : A

De Y à W, on remonte de 2 lettres.
De W à T, on remonte de 3 lettres.
De T à P, on remonte de 4 lettres.
De P à K, on remonte de 5 lettres.
De K à ?, on remonte de 6 lettres, d'où E.

### Réponse 16 : C

Un carré est une figure à 4 côtés et un triangle une figure à 3 côtés. Il vous faut trouver deux noms de figures dont l'une a un côté de moins que l'autre. Seul la proposition C convient.

Un dodécagone a 12 côtés, un hexagone 6 côtés, un pentagone 5 côtés. Un parallélépipède désigne un solide géométrique dont les bases sont des parallélogrammes.

## Exercice 1

Trouvez une consonne et une voyelle pour compléter ce mot :

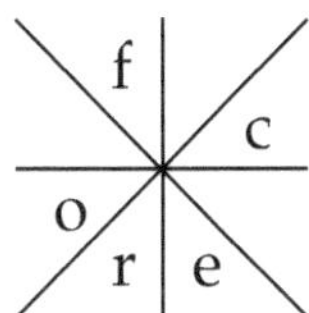


## Exercice 2

En faisant votre marché, vous voyez les ardoises suivantes pour indiquer le prix des pommes de terre. Quel est leur prix moyen au kilo ?

| 1,75 € | 1,56 € | 1,45 € | 1,30 € |

## Exercice 3

Trouvez la carte manquante :

 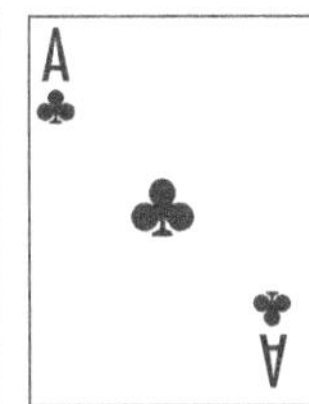   

## Exercice 4

Complétez la série :  A   D   ?   J   ?   P   S   ?   Y

## Exercice 5

Quelles sont les deux lettres suivantes ?
A   B   E   F   I   J   ?   ?

## Exercice 6

LETTRES est à MOTS ce que CHIFFRES est à ?
ADDITIONS   ALPHABET   ARITHMÉTIQUE   ÉCRITURE
NOMBRES   OPÉRATIONS   SOUSTRACTION

**Exercice 7**

Déterminez le dernier domino :

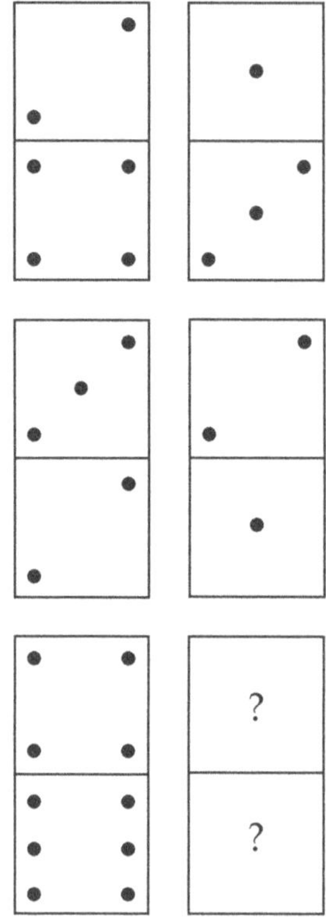

**Exercice 8**

Regroupez en deux séries distinctes les pays suivants :
Autriche, Danemark, Grèce, Islande, Norvège, Portugal, Russie,
Turquie.

**Exercice 9**

Regroupez en deux séries distinctes les départements suivants :
Ariège, Cantal, Manche, Nord, Savoie, Var, Vendée, Vosges.

**Exercice 10**

Complétez la série :   1   2   3   4   9   8   27   16   ?   ?

**Exercice 11**

Trouvez le chiffre manquant au centre :   9   3   6
                                           8   ?   5
                                           7   3   4

**Exercice 12**

Trouvez les trois lettres qui manquent pour former des mots avec les débuts suivants :

APO...    LET...    MET...    MAI...    MINIS...

**Exercice 13**

Trouvez la carte qui doit compléter la deuxième ligne :

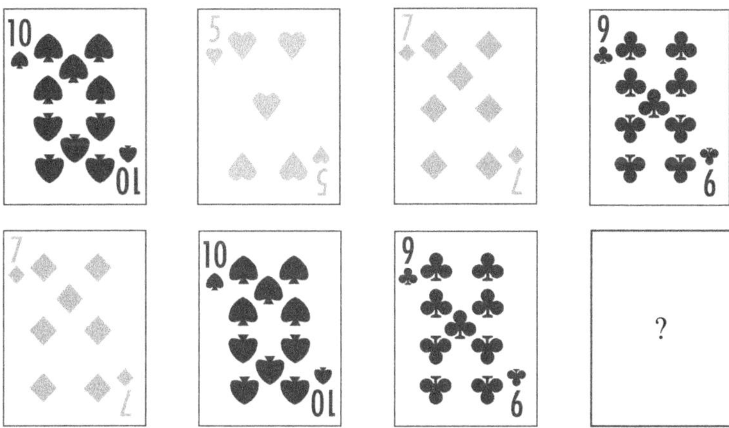

**Exercice 14**

Trouvez le dernier terme de l'analogie : B est à Y ce que C est à x.

**Exercice 15**

Trouvez la lettre manquante :

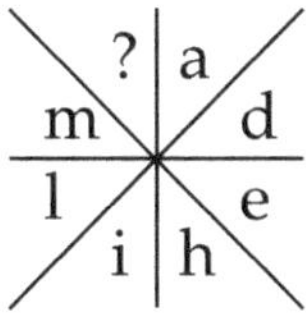

**Exercice 16**

Trouvez deux grands artistes et un génie scientifique :
A  E  E  E  I  I  M  M  N  N  N  O  O  R  S  T  T  Z

## Exercice 17

Quel dessin devrait compléter cette série ?

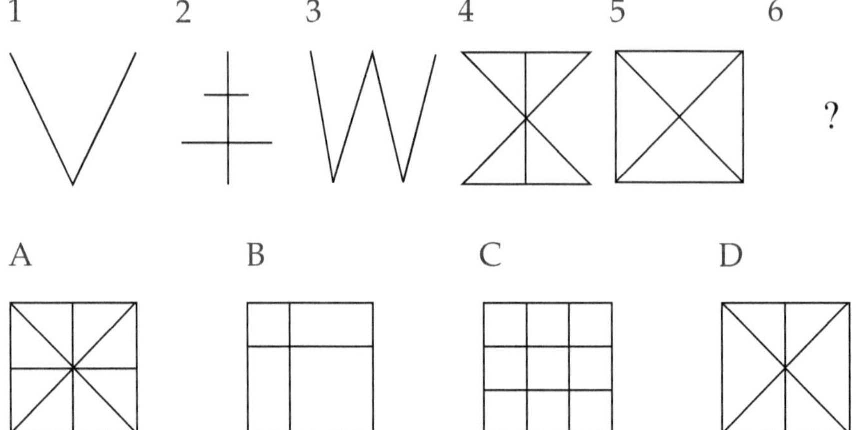

## Exercice 18

Déterminez la carte manquante :

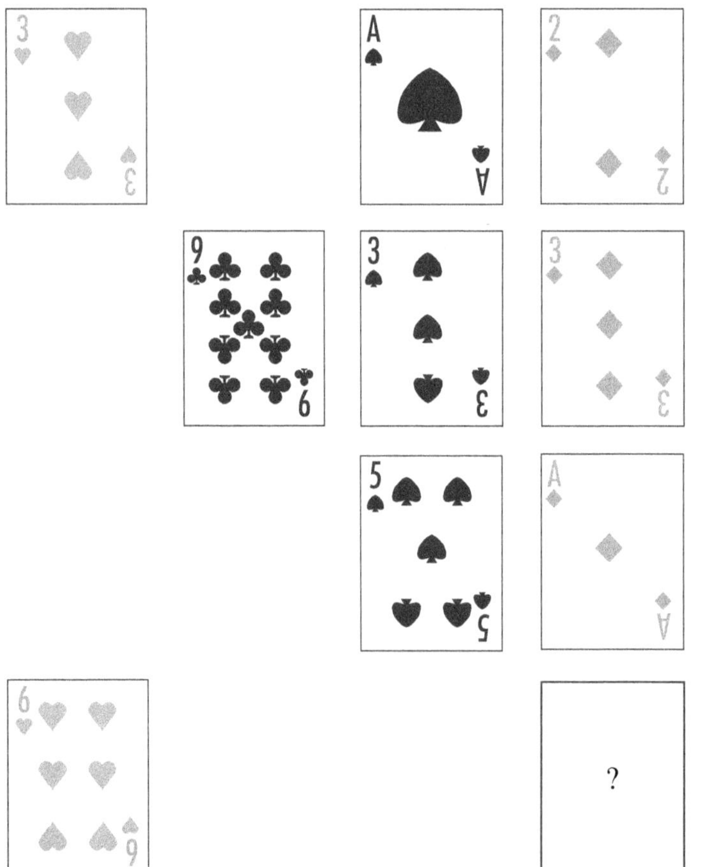

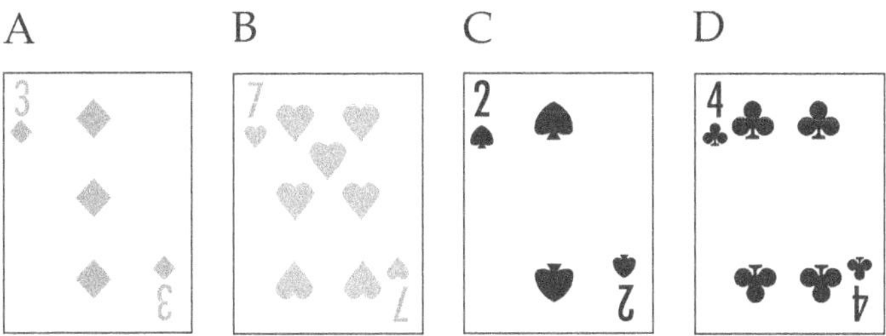

## Exercice : 19

Complétez la série :

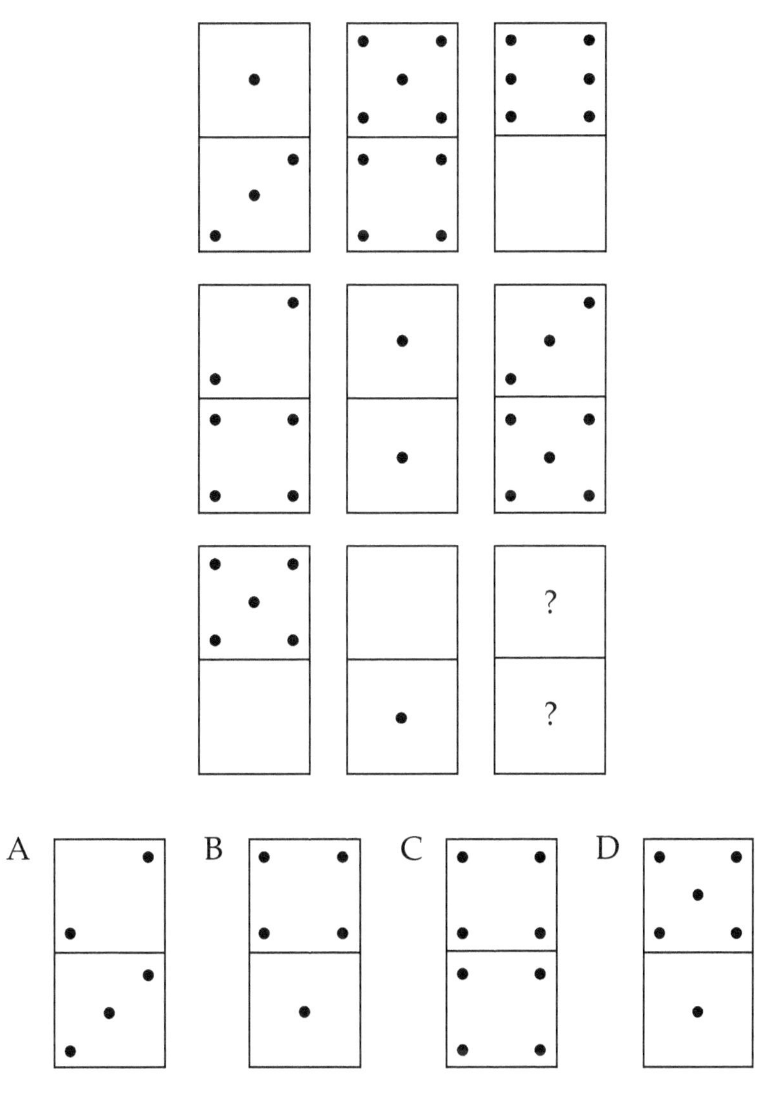

## Exercice 20

Trouvez deux grands hommes :

A A C C D E E E E G L L L M N U U

## Réponses

### Réponse 1 :

Il faut placer une fois **f** et deux fois **i** (piège ?) pour trouver *officier*.

### Réponse 2 : 1,51 €

Le prix moyen s'obtient en effectuant l'opération suivante :
(1,75 + 1,56 + 1,45 + 1,30)/4 = 6,06/4 = 1,51.

### Réponse 3 :

La première carte à trèfle est la somme des deux suivantes. Il faut prendre le 3 de cœur pour l'ajouter au 7 afin d'aboutir à 10.

### Réponse 4 : G, M et V

Voici la progression permettant de trouver ces trois lettres :
A (b c) D (e f) G (h i) J (k l) M (n o) P (q r) S (t u) V (w x) Y (z)

### Réponse 5 : M et N

Voici la progression des lettres : A B (c d) E F (g h) I J (k l) M N.

### Réponse 6 : NOMBRES

Les lettres composent les mots. Les chiffres composent les nombres.

### Réponse 7 :

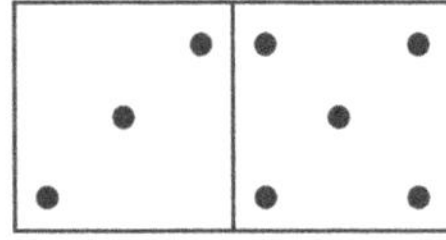

En passant de gauche à droite, les cases diminuent d'une unité.

### Réponse 8 :

Autriche, Danemark, Grèce et Portugal font partie des quinze pays de l'Union européenne. Islande, Norvège, Russie et Turquie n'en font pas partie.

### Réponse 9 :

Départements maritimes : Manche, Nord, Var, Vendée.
Départements de montagne : Ariège, Cantal, Savoie, Vosges.

### Réponse 10 : 81 et 32

La série est constituée de deux suites :
1 . 3 . 9 . 27 . ? .
. 2 . 4 . 8 . 16 . ?

La première suite est une suite géométrique de raison 3 : on multiplie par 3 à chaque fois, d'où $27 \times 3 = 81$.
La deuxième suite est une suite géométrique de raison 2 : on multiplie par 2 à chaque fois, d'où $16 \times 2 = 32$.

### Réponse 11 : 3

Chacun des premiers chiffres d'une ligne est égal à la somme des deux autres.

### Réponse 12 : TRE

Avec les trois lettres TRE, on compose les mots *apôtre*, *lettre*, *mettre*, *maître* et *ministre*.

### Réponse 13 :

On doit retrouver les mêmes cartes sur les deux lignes. Il ne manque que le 5 de cœur sur la deuxième ligne.

### Réponse 14 :

x est X ! C'est la deuxième lettre de l'alphabet (B) et l'avant-dernière (Y). Il faut donc associer la troisième (C ) et l'antépé-nultième (X).

### Réponse 15 : p

Voici la suite logique : a (b c) d e (f g) h i (j k) l m (n o) p.

### Réponse 16 : MONET, MOZART et EINSTEIN

Pour trouver rapidement : les lettres N pouvaient vous mettre sur la voie d'Einstein, les M et les O sur la voie de Monet et Mozart.

### Réponse 17 : d)

Les dessins 1 à 5 comportent deux, trois, quatre, cinq et six segments de droite. Le dessin d en comporte sept.

### Réponse 18 : a)

Les cartes d'une colonne ont toutes la même couleur, d'où carreau pour la carte manquante.
La somme des valeurs des cartes d'une même colonne est égale à 9 d'où la valeur 3 pour la carte recherchée.

### Réponse 19 : d)

La somme des deux premiers dominos de chaque ligne est égale au troisième.

### Réponse 20 : DE GAULLE et CLEMENCEAU

Pour trouver rapidement : le nom du général de Gaulle aurait pu vous venir tout de suite à l'esprit, et vous voyez bien un G et plusieurs L.

# Évaluation des résultats des derniers tests

**Pour un résultat obtenu en 20 minutes pour 20 questions.**

**4 à 8 :** faible. Il faut absolument reprendre ce livre, et travailler l'ensemble des chapitres.

**8 à 10 :** insuffisant. Il faut faire mieux... car vous avez beaucoup de concurrents qualifiés.

**10 à 12 :** moyen.

**12 à 14 :** assez bien.

**14 à 16 :** bien. Vous avez des chances d'être convenablement classé.

**16 à 18 :** très bien. Vous devriez être bien classé à votre prochain concours.

**18 à 20 :** exceptionnel. Tous les espoirs vous sont permis.

# BILAN ET ULTIMES CONSEILS

Existe-t-il des « recettes-miracles » permettant de résoudre instantanément tous les tests ?

Si elles existaient, elles se répandraient vite, chaque candidat les apprendrait... et les tests ne serviraient plus à rien.

Nous ne pouvons vous donner de façon certaine tous les exemples possibles, car l'imagination des jurys ou des fabricants de tests est inépuisable. Mais vous aurez vu au moins les principaux exemples. À partir de cela, vous saurez vous adapter. Et surtout, nous l'espérons, vous aurez pris confiance en vous. Et vous serez capable de réagir vite le jour J.

Continuez à vous entraîner de temps en temps, à partir de ce petit livre, en travaillant la **rapidité.** La clé du succès pour le jour J, c'est en effet : rester maître de vous, bien surveiller votre montre ou l'horloge de la salle, pour réussir à traiter l'ensemble des questions.

Gardez bien en mémoire l'adage populaire : **le temps perdu ne se rattrape jamais.** Il est particulièrement valable pour cette épreuve. Voici une autre belle formule plus positive : **il n'est rien de plus précieux que le temps ; c'est du mouvement sur de l'espace.** Elle est de Napoléon Bonaparte, jeune général en chef de l'armée d'Italie.

Il faut apprendre à vous mouvoir avec la plus grande agilité intellectuelle sur l'espace des feuilles des épreuves et dans le temps qui vous est imparti. Ainsi, vous triompherez le jour de votre concours.


### LES DIX DÉFAUTS À ÉVITER

1. **Aller trop lentement...** et ne pas terminer l'épreuve.

2. **Aller trop vite...** et commettre beaucoup d'erreurs.

3. **Buter sur une question et s'y arrêter trop longtemps.**
Attention : il vous faut établir un programme, en réservant une marge de sécurité. Ne restez pas bloqué sur une question qui vous résiste, passez rapidement à la suivante.

Vous pourrez toujours revenir à la fin sur une question réservée.

**4. Jouer trop souvent à « pile ou face ».**
L'épreuve n'est pas une loterie. Trop de candidats se fient au hasard, sans se donner la peine de réfléchir. Ne jouer à « pile ou face » qu'à titre exceptionnel, quand vous ne pouvez pas faire autrement, quand vous êtes pris par le temps...

**5. Laisser divaguer votre esprit.**
Attention : chaque seconde compte. Attention à ne pas vous laisser distraire. Chassez les idées parasitaires. Concentrez-vous sur l'épreuve, avec toute l'agilité de votre esprit.

**6. Laisser la panique s'instaurer...** et ne pas être capable de réagir. Recensez les « trucs anti-trac » les plus efficaces pour vous : bien respirer, boire un peu d'eau...

**7. Tomber dans les pièges...** faute de réflexion et de bon sens, ou en cédant à la facilité.

**8. Voir des pièges là où il n'y en a pas...**
C'est le défaut inverse, qui fait commettre des erreurs fatales à beaucoup de candidats.

**9. Ne pas vérifier.**
S'il vous reste du temps, vous l'emploierez utilement à bien vérifier chacune de vos réponses, notamment les calculs.

**10. Vouloir tout changer au dernier moment.**
C'est le défaut inverse. Attention aux mauvaises inspirations qui pourraient surgir à l'improviste.

Pierre-François GUÉDON*
*Conseiller en formation*

* Pierre-François GUÉDON, auteur de nombreux ouvrages pédagogiques et scientifiques, dirige des stages et séminaires de formation partout en France.

# POSTFACE
## PAR BRIGITTE SIMONOT
Inspectrice du Trésor

## RÉFLEXIONS SUR LES TESTS

L'utilisation des tests logiques ou psychologiques pour le recrutement a toujours été controversée. Et pourtant **ils sont de plus en plus employés.**

La raison principale de leur développement, dans les entreprises comme dans l'Administration, c'est tout simplemement l'augmentation du nombre des candidats.

Les tests sont donc de plus en plus utilisés, soit pour la sélection drecte et définitive, soit tout au moins pour opérer une première sélection (épreuves de présélection).

Tout emploi disponible attire souvent des dizaines, voire des centaines de candidats diplômés – et même de plus en plus surdiplômés.

Le temps est donc passé, de longue date, où il était possible de recruter un candidat au vu de son seul diplôme.

Les examens universitaires ou les concours sont conçus pour prendre en compte la culture générale ou les connaissances techniques des candidats.

Les tests permettent de faire appel à des critères encore plus importants : la personnalité des candidats : leur **sens logique,** leur **agilité intellectuelle** et leur **capacité d'adaptation.**

Ou encore, tout simplement, leur **capacité de travail rapide,** lorsque le jury donne un très grand nombre de tests en un temps limité.

Les tests ne permettent pas seulement une sélection numérique. Ils tendent d'une part à aider à trouver le « candidat idéal », et d'autre part à écarter ceux qui n'ont pas le « bon profil », ou dont la personnalité serait jugée inadaptée, voire inquiétante.

Cette préoccupation a de tout temps été jugée normale dans les entreprises. Mais elle est aussi apparue dans l'Administration, ce qui est moins connu.

La Police nationale, notamment, vient de généraliser les tests, en épreuve de pré-admissibilité, pour tous ses concours, depuis gardien de la Paix jusqu'à commissaire de Police, en passant par les concours d'Officier de Police.

Cette présélection permet d'éliminer le tiers ou la moitié des candidats – avec l'espoir concomitant de ne retenir que les « bons » et d'éliminer ceux qui se seraient ensuite révélés trop médiocres ou nuisibles dans les fonctions à exercer. Pour parler plus familièrement, les dirigeant de notre sympathique Police nationale espèrent ainsi « écrémer » les bons candidats, et éliminer les « canards boîteux » ou les « moutons à cinq pattes ».

La généralisation des tests répond aussi à un **souci évident d'économie.** Les tests de culture générale ou de raisonnement logique sont maintenant conçus pour permettre une **correction automatisée,** formule rapide et moins onéreuse.

Les tests figurent ainsi dans deux catégories d'épreuves :

– ils peuvent constituer l'**épreuve principale.**

C'est le cas dans les concours de catégories C du Ministère de l'Économie, des Finances et de l'Industrie : Agent de constatation des Impôts ou Agent de recouvrement du Trésor.

– ils peuvent constituer une **épreuve de présélection.**

C'est le cas pour les concours de catégorie B du Ministère de l'Économie, des Finances et de l'Industrie, notamment Contrôleur des Impôts ou Contrôleur du Trésor Public.

Il reste à savoir si les tests sont vraiment efficaces et pleinement objectifs. La réponse est évidemment positive pour les tests de raisonnement logique. Pour les tests psychologiques, le débat reste ouvert...

Brigitte SIMONOT*

---

* Brigitte SIMONOT est Inspectrice du Trésor au Ministère de l'Économie, des Finances et de l'Industrie, et Conseillère en Formation. Elle a participé à plusieurs ouvrages pédagogiques.

Aux Éditions d'Organisation, elle est co-auteur, avec Jean-François GUÉDON, des ouvrages consacrés aux *Épreuves de préselection* at aux *QCM des Concours de Catégorie A.*